Flucht nach Westen

Flucht nach Westen

Gisela Cumming,

Hazlehead Academy, Aberdeen

Edward Arnold

©Gisela Cumming 1981

First published 1981 by
Edward Arnold (Publishers) Ltd
41 Bedford Square, London WC1B 3DQ

British Library Cataloguing in Publication Data

Cumming, Gisela
    Flucht nach Westen.
    1. German language — Readers — History
    2. German language — Readers — Germany
    I. Title
    438'.6'421   PF3127.H5

    ISBN 0-7131-0498-8

Typeset by The Castlefield Press of Northampton
in 11/12pt Journal Roman, and printed in Great Britain by
The Spottiswoode Ballantyne Press

Contents

Acknowledgements

The Author and Publishers would like to thank the following for permission to reproduce copyright photographs: Hulton Picture Library 13, 14, 16, 19, 21, 22, 37, 42; Ullstein-Kindermann 35; Popperfoto 39; German Embassy cover, 52, 55, 59; Danish Tourist Board 58; Bavaria Verlag 63.

To the teacher

Flucht nach Westen, which deals with some important events of Germany's recent past, will provide interesting and stimulating practice in reading and comprehension for 'O' Level candidates. It is also hoped that the book will create an awareness of Germany's present situation and foster an understanding of its problems.

Depending on the ability of the group, the teacher might want to read the stories in class, where difficult passages can be translated, or might issue the book for individual silent reading, in which case the vocabulary at the end of the book should prove particularly helpful.

The exercises, which are printed at the end of each story, should be completed as soon as the relevant chapter has been studied. There are three kinds of exercises:

a) The English questions are designed to test comprehension.

b) The German questions afford an opportunity to manipulate in German particular words and phrases.

c) The role-playing exercises demonstrate that the vocabulary, first encountered in a historic context, can be transferred to everyday situations. An additional function is that of preparing pupils for similar tests in their 'O' Level exams.

Preface

In 1945 Germany had suffered a terrible defeat and as a consequence it was divided into three parts. The territories east of the Oder and Neisse rivers, comprising about 24 per cent of the entire area of Germany, were put under Polish administration. The eastern part of Germany was occupied by the Soviet Union and the western part by the United States, Great Britain and later on, France.

Flucht nach Westen contains three stories set in 1945, 1948 and 1961 respectively. They are about people whose lives were affected by the division of Germany and subsequent political events.

The author herself grew up in post-war Germany. Her grandparents were driven out of their home in Pomerania as a result of the war, and so was her great-grandmother, a lady of 82, who, having studied the Russian language in her youth, was able to communicate with the Red Army soldiers. The author's parents fled from East Germany to West Berlin. Her whole family, which had originated in one small town in Pomerania, was scattered in eastern and western Germany, and in East and West Berlin.

Flucht aus Ostpreußen

Die Teilung Deutschlands nach 1945

Bundesrepublik Deutschland
Grenzen Deutschlands von 1937
Deutsche Demokratische Republik
Flucht von Ostpreußen nach Holstein

Introduction

The time is January 1945, just a few months before Germany
finally surrenders. The Soviet armies have entered East Prussia
in a savage mood, for the Russian people have suffered at-
rociously in Hitler's 'total war'. The German population now

10

flee in fear of terrible revenge.

Rita and Hartmut, whose family own a sawmill in East Prussia, leave their homeland and are caught up in a huge refugee movement to the west. It is estimated that up to the time of the Potsdam Conference (August 2, 1945), four million Germans had already left their homelands in the eastern territories.

At the Potsdam Conference the USA, the Soviet Union and Great Britain declared that the German territories east of the rivers Oder and Neisse should come under Polish administration and the final delimitation of the western frontier of Poland should await a peace settlement.

However, Poland and the Soviet Union achieved a *fait accompli* and most of the 5.6 million Germans still living in the territories east of the Oder—Neisse line were expelled by force. "These expulsions began before the Potsdam conference and reached their height in the winter of 1945—46. The conditions under which they were carried out were appalling. From this point of view, the rights and wrongs of the matter are a secondary issue. . . . Millions of human beings were forced to leave their homes at twenty-four hours' notice for unknown destinations with no more than fifty or sixty pounds of baggage apiece, were transported in herds, and forced to make long marches in cold and hunger." (Alfred Grosser, *Germany in Our Time*)

In the early postwar years some 13 million Germans were on the move, 9.5 million from the territories east of the Oder—Neisse line and 3.5 million Sudeten Germans who lived in Czechoslovakia. It is estimated that more than one million died during this massive migration. The refugees were distributed among the occupation zones and it was tremendously difficult to find them food, clothing and housing since the whole of Germany had been devastated by the war and its major cities were in ruin.

For years, the refugees felt very strongly about the loss of their homeland. Many, especially the older people, had only one thought: to go back one day, to resume their old lives, to live in their own homes again and plough their fields. They recognised that Poland had a claim for compensation for the monstrous sufferings and losses inflicted on it by the war. But why, they wondered, did it have to take this form?

It was not until the Warsaw Treaty of 7th December 1970, 25 years later, that West Germany recognised the Oder—Neisse line as Poland's western State frontier.

Aufbruch

Es war der 21. Januar 1945. Rita rief den Bürgermeister an. Keine Antwort. Sie versuchte es noch einmal. Nach ein paar Minuten hörte sie eine Stimme, „Was, Sie sind noch da? Ja, wissen Sie denn nicht, daß Sie wegmüssen? Bis Mitternacht müssen alle das Dorf verlassen haben."

„Wo sind die Russen?" fragte Rita.

„Das wissen wir nicht", sagte die Stimme.

„Wohin sollen wir denn? Wie sollen wir fahren?"

„Keine Ahnung", sagte die Stimme. „Das ist uns egal, zu Lande, zu Wasser oder durch die Luft. . .aber machen Sie, daß Sie wegkommen."

Ritas Familie hatte ein Sägewerk in Ostpreußen. 1942 war der Vater Soldat geworden, und Rita hatte zusammen mit dem Ingenieur Herrn Menzel das Sägewerk geleitet. Vor einigen Wochen war die Mutter mit einem der letzten Züge nach Westen gefahren. Rita war mit ihrem jüngeren Bruder Hartmut geblieben. Sie konnte und wollte das Sägewerk nicht verlassen. Aber jetzt hatte sie keine Wahl mehr. Seit Monaten hatte sie es gewußt: der Krieg war verloren und die Russen würden einmarschieren. Rita hatte alles für den Aufbruch vorbereitet. Die Planwagen und Traktoren standen bereit, und im Stall waren die beiden Reitpferde für Hartmut und sie.

Rita ließ die Leute zusammenkommen, die im Sägewerk arbeiteten. „Wir müssen heute nacht noch los. Packt eure Sachen auf die Wagen. Aber nehmt nicht zu viel mit. Packt Betten, warme Kleider und Wertsachen, für mehr ist nicht mehr Platz. Um 22 Uhr treffen wir uns alle an der Hauptstraße."

Die Frauen weinten, auch Frau Hapke. Sie und ihr Mann hatten ihr ganzes Leben gearbeitet, damit ihre Kinder es besser haben sollten. Der eine Sohn war in Frankreich gefallen, der andere in Rußland. Vor vier Wochen mußte ihr Mann noch Soldat werden. Warum sollte sie flüchten? Und wohin sollte sie? Ja, warum wohl, so fragte auch Rita sich. Doch laut sagte sie: „Beeilt euch, wir haben nicht viel Zeit."

Rita packte etwas Kleidung, ein paar Fotos und wichtige Dokumente in ihren Rucksack. Dann kochte sie das Abendessen.

„Iß noch etwas, Hartmut. Wer weiß, wann wir wieder etwas zu essen bekommen."

„Was sollen wir mit den Tellern und Tassen machen?" fragte

Germany in ruins.

Hartmut.

„Laß sie auf dem Tisch stehen. Wir brauchen sie nicht mehr."
Sie sahen sich schweigend an. Dann sagte Rita: „Komm, es ist
Zeit. Wir müssen gehen."
Sie ließen die Haustür offen. Warum sollten sie sie auch
zuschließen? Es war 22 Uhr, als Hartmut und Rita die Pferde
bestiegen.

Die Leute wollen zurück

An der Hauptstraße waren die Leute schon versammelt. Die
Planwagen waren hochbeladen mit Kisten und Säcken, und
obendrauf, in Decken eingehüllt, saßen die Großmütter und die
Kinder. Traktoren oder Pferde zogen die Wagen. Die Karawane
bewegte sich nur langsam. Bis zur nächsten Stadt waren es
zwölf Kilometer, das war normalerweise eine Stunde Fahrzeit.

13

In dieser Nacht aber brauchten sie fast sechs Stunden. Auf den Straßen war Glatteis. Die Pferde rutschten, und die Wagen stellten sich quer. Aus den Nebenstraßen kamen die Menschen von anderen Dörfern und verstopften die Hauptstraße. Einen Kilometer vor der Stadt kam alles zum Stillstand. Fast eine Stunde standen sie, ohne auch nur einen Meter weiterzukommen. Warum ging es nicht weiter? Rita ritt allein in die Stadt. Sie wollte sehen, was los war.

In der Stadt herrschte Chaos. Von zwei Seiten waren die Flüchtlinge mit ihren schweren, hochbepackten Wagen in die Stadt gekommen und hatten alle Straßen verstopft. Es ging weder vorwärts noch rückwärts. Rita kämpfte sich bis zum Marktplatz vor. Sie wollte zum Rathaus, denn sie hatte viele Fragen. Wie weit war die Rote Armee in Ostpreußen vorgedrungen? Konnten die deutschen Soldaten die Russen noch aufhalten? Wie sahen die Evakuierungspläne für die Zivilbevölkerung aus? Wo konnten die Flüchtlinge übernachten? Wer würde sie mit warmem Essen versorgen?

Rita ging ins Rathaus, aber sie fand niemanden dort. Die Türen standen offen, die Zimmer waren leer. Auf dem Boden lag verkohltes Papier. Die Herren von der Partei hatten ihre Akten verbrannt und waren geflüchtet.

Refugees from the eastern provinces.

Um die Bevölkerung kümmerten sie sich nicht. „Die sind natürlich als erste weg", schimpfte ein Bauer, den Rita zufällig in einem der leeren Zimmer traf. „Was geschieht aber mit uns? Das ist denen wohl ganz egal." Es war früh am Morgen, als Rita wieder zu ihren Leuten kam. Alle waren total durchgefroren und verzweifelt. Es waren 20 Grad Kälte. Herr Menzel sprach: „Wir wollen zurück, zurück nach Hause. Sie und Hartmut müssen allein weiter. Für Sie ist es gefährlich hierzubleiben. Aber warum sollten die Russen uns etwas tun? Die Russen brauchen auch Holz. Wir werden weiter im Sägewerk arbeiten. Wir werden in Zukunft für die Russen die Bäume fällen und das Holz schneiden."

Rita hörte schweigend zu. Sie dachte daran, wie das russische Volk im Krieg gelitten hatte, wie grausam einige deutsche Soldaten in Rußland gewütet hatten. Würden die Russen sich nicht rächen wollen? Waren sie nicht schon brennend und mordend in Ostpreußen eingefallen? Oder hatte Herr Menzel recht? Vielleicht würde es nicht so schlimm werden. Die Leute hier aber sollten alles aufgeben, sollten alles verlassen. Vor ihnen lag ein langer schwieriger Marsch, und Rita konnte ihnen keine neue Heimat versprechen.

Rita zögerte. Sie wußte nicht, was sie sagen sollte. Herr Menzel blickte ihr fest in die Augen und sagte bestimmt: „Wir bleiben." Rita nickte und gab ihm zum Abschied die Hand.

Monate später hörte sie, daß Herr Menzel und viele andere den Einmarsch der Russen nicht überlebt hatten. Sie machte sich Vorwürfe. Vielleicht hätte sie ihn doch überreden können.

An jenem Morgen verließen Rita und Hartmut ihre Leute und ritten gen Westen auf der Straße der Flüchtlinge. Vor ihnen, hinter ihnen und neben ihnen bewegten sich Menschen, Pferde und Wagen. Einige Familien marschierten sogar zu Fuß, und im Handwagen saß die Großmutter.

„O Gott!" dachte Rita. „Wollen diese Menschen wirklich Hunderte von Kilometern so marschieren?"

Die Russen sind im nächsten Dorf

Es ging nur langsam vorwärts. Manchmal brach ein Wagen zusammen, und in jedem Dorf und in jeder Stadt kamen neue Menschen hinzu.

„Wollen wir nicht die Hauptstraße verlassen?" schlug Hartmut

15

vor. „Auf den Nebenstraßen sind bestimmt nicht so viele Menschen."

Hartmut ritt vorne weg, denn er hatte die Karte, und Rita folgte ihm. Die Straßen waren leer, aber leider lag viel Schnee. An manchen Stellen sanken die Pferde bis zum Bauch ein.

Eine Gruppe deutscher Soldaten überholte sie. Rita fragte: „Gibt es hier in der Nähe einen Gutshof, wo wir übernachten können?"

„Ja", sagte der Offizier, „folgen Sie uns. Wir haben ganz in der Nähe unser Quartier."

Der Gutsherr war mit seiner Familie geflüchtet, und jetzt waren deutsche Soldaten und auch andere Flüchtlinge in seinem Haus.

A victorious Soviet Army.

„Kommen Sie herein", sagte der Offizier zu Rita. „Hier im Wohnzimmer ist es warm. Sie haben Glück. Unser Koch hat Fleisch im Keller gefunden und Gulaschsuppe gekocht."

Es schmeckte herrlich. Hartmut ließ sich seinen Teller zum zweiten und zum dritten Mal füllen. Kein Wunder, er hatte in den letzten Tagen nicht viel gegessen. Nach dem Essen sagte Hartmut zu Rita: „Ich werde mal durchs Haus gehen. Vielleicht können wir heute nacht in einem richtigen Bett schlafen." Sie hatten meist in Scheunen auf Stroh oder im Heu übernachtet. Rita lachte: „Ja, aber es muß ein Bett mit frisch gewaschenen weißen Bettüchern sein." Schon nach kurzer Zeit kam Hartmut wieder. Er hatte tatsächlich ein Zimmer mit zwei Betten gefunden. Sie waren beide müde und schliefen gleich ein.

Um drei Uhr morgens weckte sie der Offizier.

„Wir haben soeben Nachricht bekommen. Die Russen sind schon im nächsten Dorf, nur fünf Kilometer von hier."

Nur fünf Kilometer! Trotz ihrer Müdigkeit stand Rita schnell auf. Die Soldaten waren schon marschbereit. Rita und Hartmut bestiegen wieder ihre Pferde, und weiter ging es auf der Straße nach Westen.

Fridolin sucht seine Mutter

Am Abend machten Rita und Hartmut wieder an einem Gutshof halt. Auch hier war die Familie geflüchtet. Fremde Menschen zogen durch das Haus und plünderten. Der eine nahm die Handtücher, der andere die silbernen Löffel, und wieder ein anderer trug die Stühle aus dem Haus. Rita schüttelte den Kopf. „Das ist doch Diebstahl. Warum tun die Menschen das? Und was wollen sie mit den Sachen machen?"

„Ich habe Angst um unsere Pferde", sagte Hartmut. „Ich werde lieber im Stall schlafen." Hartmut hatte recht. In dieser Zeit war ein Pferd ein Königreich wert. Was würden sie ohne ihre Pferde machen?

Am nächsten Morgen fand Rita ihre Pelzhandschuhe nicht mehr. Sie hatte nicht aufgepaßt; jemand hatte ihre Handschuhe gestohlen. Was sollte sie machen? Bei 20 Grad Kälte konnte sie ohne Handschuhe nicht reiten. Wie sollte sie aber in dieser Zeit ein Paar Handschuhe bekommen?

„Ich habe zwei Paar Skisocken an", sagte Hartmut. „Ich kann

17

dir das eine Paar geben, und du kannst es über die Hände ziehen."
Rita zog die Socken an, aber der Wind blies durch die gestrickte
Wolle. „Hoffentlich erfrieren mir die Hände nicht", dachte Rita.
Sie hatten die Weichsel überschritten und schauten noch
einmal zurück. Hinter ihnen lag Ostpreußen, das Land ihrer
Väter, das sie so sehr liebten. Würden Sie dieses Land mit seinen
weiten Wäldern und großen Seen jemals wiedersehen?
In Gedanken versunken ritten sie weiter. Plötzlich hielt
Hartmut sein Pferd an.
„Was ist los?" fragte Rita.
Hartmut war abgestiegen. Er beugte sich über eine kleine
Gestalt, die vom Schnee fast zugedeckt war. Es war ein kleiner
Junge von vielleicht vier Jahren. Wie lange saß er wohl schon so
im Schnee? Seine Hände waren ganz blaugefroren. Hartmut
nahm ihn auf den Arm.
„Was machst du denn hier so ganz allein? Komm, du mußt
erst einmal warm werden. Du bist ja ein richtiger Eisklumpen."
Hartmut knöpfte seinen Mantel auf und zog das Kind zu sich
heran, um es zu wärmen.
„Wie heißt du?" fragte Rita den Jungen.
„Fridolin", antwortete der Kleine.
„Und wo ist dein Vater?"
„Vati ist im Krieg."
„Und wo ist deine Mutter?"
„Mamma, Mamma!" schluchzte da der Kleine. „Ich will zu
meiner Mamma."
So viel verstand Rita: Fridolin hatte auf einem Pferdewagen
gesessen; und dann war der Wagen stehengeblieben. Fridolin
fand das langweilig, und er ist hinuntergeklettert und in den
Wald gelaufen, und als er zurückkam, war der Wagen nicht
mehr da.
Was sollten sie mit dem Kleinen machen? „Seine Mutter
sucht ihn bestimmt", sagte Rita. „Wir können ihn aber nicht
hierlassen, er würde verhungern oder erfrieren."
Das Kind schmiegte sich zutraulich an Hartmut.
„Komm mit auf mein Pferd, Fridolin", sagte Hartmut. „Wir
reiten zusammen und suchen deine Mutti."
Hartmut setzte Fridolin vor sich aufs Pferd. Nach ungefähr
einer Stunde kamen sie in eine Stadt. Dort auf dem Marktplatz
war eine Station des Roten Kreuzes. Die Schwestern hatten eine
Feldküche aufgebaut und gaben den Flüchtlingen heiße Suppe

Hot soup for the children.

zu essen.

Hartmut brachte Fridolin zu der Leiterin der Roten-Kreuz-Station. Sie hörte sehr genau zu, und dann ging ein frohes Lächeln über ihr Gesicht: „Mein Gott!" sagte sie. „Welch ein Glück! Vor ungefähr einer halben Stunde ist eine Frau bei mir gewesen. Sie war ganz verzweifelt, weil sie ihren kleinen Sohn Fridolin Jansen verloren hatte."

„Wo ist sie jetzt?" fragte Hartmut.

„Dort drüben. Sie wollte nicht ohne ihr Kind weiterziehen. Kommen Sie, wir gehen gleich zu ihr."

Wenige Minuten später lag Fridolin in den Armen seiner Mutter.

Auf dem Gut Poserow

Sie waren durch den polnischen Korridor geritten und kamen jetzt nach Pommern. Die Pferde brauchten Futter und ein paar Tage Ruhe. Auf dem Gut Poserow hielten sie an. Rita stieg vom

19

Pferd und klingelte. Hartmut paßte auf die beiden Pferde auf. Rita wartete. Sie wartete sehr lange. Dann kam Herr Poserow. Er machte die Tür sehr langsam, sehr vorsichtig auf. Er sah blaß aus. Er sagte nicht: „Kommen Sie herein." Er stand da und schaute sie an. Rita nannte ihren Namen. Im Haus war es totenstill. Dann drehte sich Herr Poserow um und rief mit einem Seufzer der Erleichterung: „Es sind nicht die Russen. Gott sei Dank!"

Man hatte sie offenbar von weitem gesehen und Rita für einen russischen Offizier gehalten. Rita trug einen langen graugrünen Mantel mit einem schwarzen Gürtel und einer hohen Pelzmütze. Die russische Uniform sah so ähnlich aus.

Auch bei Poserows waren viele Flüchtlinge im Haus. Es waren Verwandte, Freunde und Bekannte aus dem Osten. Die meisten blieben nur ein oder zwei Tage. Sie alle wollten weiter nach Westen.

Rita zeigte Frau Poserow ihre Hände. Zwei Finger waren ihr erfroren. „Haben Sie wohl ein Paar Handschuhe für mich?"

Frau Poserow schüttelte den Kopf. Sie hatte schon alles abgegeben. Es kamen zu viele Flüchtlinge.

„Ich kann Ihnen aber diese alte Pferdedecke geben. Sie ist sehr warm und läßt keinen Wind durch. Hier sind auch Nadel und Faden und eine Schere. Nähen Sie sich ein Paar Handschuhe."

Rita machte sich an die Arbeit, und während sie nähte, kam ein junger Offizier zu ihr.

„Wie sieht es an der Front aus?" fragte Rita ihn.

„Schlecht", sagte er, „sehr schlecht. Es wird vielleicht nur ein oder zwei Wochen dauern, bevor die Russen in Pommern einmarschieren."

Rita erschrak. So nahe war das Ende also schon.

„Wir haben keine Panzer, um die Rote Armee aufzuhalten. Gegen einen deutschen Panzer stehen zehn russische. Unsere Soldaten sind todmüde, sie haben keine Hoffnung mehr. Sie wollen nicht mehr kämpfen."

„Und was geschieht mit den Menschen hier?" fragte Rita.

„Das weiß Gott", antwortete der Offizier und zuckte mit den Schultern.

„Ich habe mit Herrn Poserow gesprochen, aber er will nicht fliehen. Ich habe ihn gebeten, wenigstens seine Töchter wegzuschicken."

Der Offizier faßte Ritas Hand und fuhr fort: „Ich bin mit

20

German soldiers surrender.

Marion, der jüngsten Tochter verlobt. Bitte, Rita, nehmen Sie Marion und ihre Schwester mit, wenn Sie weiterreiten. Die Mädchen sind hier nicht sicher, ich habe große Angst um sie. Wenn die russischen Soldaten kommen, dürfen die Mädchen nicht mehr hier sein."

„Ja", sagte Rita, „ich verstehe. Ich werde mit den Eltern sprechen."

Am nächsten Morgen ritten Rita und Hartmut weiter, und mit ihnen ritten die beiden Töchter von Poserow. Zwei Tage blieben sie zusammen, dann fuhren die Mädchen mit dem Zug nach Süddeutschland.

Bei der Gräfin Sybille

Auf dem Gut ,Schönau' in Pommern wohnte die Gräfin Sybille, eine entfernte Verwandte. Sie war jetzt eine alte Dame von ungefähr achtzig Jahren. Rita und Hartmut bogen von der Straße aв und ritten durch einen großen Park nach ,Schönau'. Vor dem Haus standen ein Traktor und zwei Wagen, die mit Betten und Kisten beladen waren. Wollten die Menschen auch hier fliehen?

Der Diener führte Rita und Hartmut in den Salon. Gräfin Sybille saß auf einer Chaiselongue. Sie hatte schneeweißes Haar und blaue lebhafte Augen. Ihre Wangen waren leicht gerötet. Sie trug ein schwarzes Seidenkleid. In der Hand hielt sie eine elegante silberne Zigarettenspitze. Auf dem Tisch vor ihr stand ein Champagnerglas. Das Grammophon spielte einen Walzer von Richard Strauß.

Gräfin Sybille freute sich über den Besuch. Sie sprach von alten Zeiten, vom Kaiser, von Berlin und den Opernabenden. Sie erzählte sehr amüsant, sie wußte viele Anekdoten. Hartmut und Rita waren ganz im Bann dieser alten Dame. Sie hatte ein sehr interessantes, ein aufregendes Leben geführt.

Draußen fuhr der Traktor los. Er fuhr ohne die Gräfin. Sie wollte nicht mit. Sie wollte ihre Heimat nicht verlassen. Nur ein alter treuer Diener war bei ihr geblieben.

„Und wenn die Russen kommen, was dann?" fragte Rita.

Die alte Dame holte ein braunes Fläschchen aus ihrer Tasche hervor.

„Ich trage es immer bei mir. Der Apotheker hat mir gesagt,

Berlin during the 'Golden Twenties'.

es geht sehr schnell."

Dann ging sie zum Fenster. Rita und Hartmut folgten ihr. Unter einer großen, alten Eiche war ein Grab ausgehoben. „Nachher hat man dafür keine Zeit mehr", sagte sie. Dann sprach die Gräfin wieder von früher. Viele bekannte Musiker waren nach ‚Schönau' gekommen und hatten Konzerte hier gegeben. Sie selbst war eine gute Pianistin gewesen. Die Gräfin setzte sich ans Klavier und spielte die fünfte Symphonie von Beethoven. Ihre Augen leuchteten. „Es ist ein schönes Leben gewesen", sagte sie.

Drei Tage blieben Rita und Hartmut bei der Gräfin. Dann mußten sie weiter. Sie nahmen Abschied. Die Gräfin stand am Fenster des Salons und winkte mit einem sehr kleinen weißen Spitzentaschentuch. Sie lächelte.

Ankunft

Rita und Hartmut ritten weiter nach Westen. Zwei große Flüsse hatten sie überquert, die Weichsel und die Oder. Eine Strecke von über 700 Kilometern hatten sie zurückgelegt. Endlich kamen sie nach Holstein, zu dem kleinen Dorf, wo ihre Verwandten wohnten.

Rita klopfte an die Tür. Ihre Tante machte auf. Rita zeigte auf ihren Rucksack: „Mehr haben wir nicht. Das ist alles, was uns geblieben ist vom Sägewerk, vom Haus und von den Wäldern."

Mitten im Winter waren sie aus Ostpreußen losgeritten, jetzt war es beinahe Frühling, als sie in Holstein ankamen. Die Bäume wurden grün, die Bauern arbeiteten auf dem Feld. Aus einem Haus klang Klaviermusik, es war eine fröhliche Melodie. Das Leben würde weitergehen. Hartmut und Rita waren noch jung. Sie könnten wieder neu beginnen.

Exercises

Aufbruch

A Questions
1. What kind of message did Rita receive when she phoned?
2. Why is the official's advice useless?
3. What do we hear about Rita's family?
4. Why is Mrs. Hapke unwilling to leave her home?
5. Why do you think Rita and Hartmut left the dishes on the table and the door unlocked?

23

B Fragen
1. An welchem Tag rief Rita den Bürgermeister an?
2. Warum war Rita bis jetzt in Ostpreußen geblieben?
3. Was für Sachen durften die Leute auf die Planwagen packen?
4. Wann und wo wollten sich die Leute des Sägewerks treffen?
5. Was machte Rita, als sie ihre Sachen gepackt hatte?

C Written dialogue
Martina and Heinz are going on holiday. Heinz has already done his packing the previous night. However, he has no room for Martina's coat and thinks she should leave it at home. She should leave the flask on the table, he will put it in his rucksack. They are going to meet Günther at the station. They have plenty of time and will leave the house at half past eight.

Take the part of Heinz and answer Martina's questions:

1. Martina: Hast du deine Sachen schon gepackt?
   Heinz: . . .
2. Martina: Kannst du meinen Mantel noch in deinen Koffer legen?
   Heinz: . . .
3. Martina: Was soll ich denn mit meinem Mantel machen?
   Heinz: . . .
4. Martina: Was soll ich mit der Thermosflasche machen?
   Heinz:
5. Martina: Wo wollen wir Günther treffen?
   Heinz: . . .
6. Martina: Warum beeilst du dich denn nicht?
   Heinz: . . .
7. Martina: Wann wollen wir losgehen?
   Heinz: . . .

Useful words:

keinen Platz haben	to have no room
lassen	to leave
stehen/lassen	to leave (standing upright)
los/gehen	to set out

Die Leute wollen zurück

A Questions
1. How long did the people take to reach the next town? Ex-
24

plain why.
2. What kind of information did Rita hope to receive in the town hall?
3. In what condition was the town hall? Why was the farmer so angry?
4. What was the mood of the people when Rita rejoined them? What had they decided to do?
5. How did Rita react to their proposal and what kind of thoughts passed through her mind?

B Fragen

1. Was hatten die Leute auf die Planwagen gepackt?
2. Warum rutschten die Pferde so oft in dieser Nacht?
3. Warum waren die Straßen in der Stadt verstopft?
4. Wen traf Rita im Rathaus?
5. Wohin wollte Herr Menzel mit den anderen Leuten gehen?

C Written dialogue

Thomas, who has come to visit Erika, did not have a good journey. In Munich the temperature was five degrees below zero. There was black ice on the road and it took him two hours to drive the 65 kilometers from Munich to Augsburg. Near a village the road was blocked. A lorry had skidded and turned sideways. Thomas stood for half an hour there without moving at all.

Take the part of Thomas and answer Erika's questions:

1. Erika: Hast du eine gute Fahrt gehabt?
   Thomas: . . .
2. Erika: Wie kalt war es in München?
   Thomas: . . .
3. Erika: War sehr viel Schnee auf den Straßen?
   Thomas: . . .
4. Erika: Wie lange hast du von München nach Augsburg gebraucht?
   Thomas: . . .
5. Erika: Das ist aber lange! Wieviel Kilometer sind es denn nach Augsburg?
   Thomas: . . .
6. Erika: Warum hat die Fahrt so lange gedauert?
   Thomas: . . .
7. Erika: Was war passiert?

25

Thomas: . . .
8. Erika: Wie lange standest du denn da, ohne vorwärts-
zukommen?
Thomas: . . .

Useful words:

es waren 5 Grad Kälte	it was 5 degrees below zero
das Glatteis	black ice
die Straße war verstopft	the road was blocked
der Wagen war gerutscht	the car had skidded
sich quer/stellen	to end up sideways (across the road)
vorwärts/kommen	to move forward

Die Russen sind im nächsten Dorf

A Questions

1. Why did Hartmut and Rita only make slow progress on the main road and what did Hartmut suggest?
2. Where did they stay the night? What had happened to the owner of the house and his family?
3. What did they eat and where did the food come from?
4. Where had they spent most of the nights before?
5. Why did everyone get up so early the next morning?

B Fragen

1. Warum war es schwierig, auf den Nebenstraßen zu reiten?
2. Wen trafen Rita und Hartmut auf der Straße?
3. Was hatte der Koch im Keller des Gutshofs gefunden?
4. Wo wollte Rita schlafen?
5. Wie weit waren die Russen entfernt?

C Written dialogue

Gabi and Brigitte have just returned from a cycling tour and Gabi tells Jochen all about it. There were too many cars on the main road but the secondary roads were empty. Brigitte cycled in front because she had the map. They stayed in a youth hostel. They cooked goulash soup which was very tasty. There were eight beds in their rooms. They fell asleep immediately because they were tired and got up at seven o'clock the next morning.

Take the part of Gabi and answer Jochen's questions.

1. Jochen: Warum seid ihr nicht auf der Hauptstraße gefahren?

Gabi:	. . .	
2. Jochen:	Waren die Nebenstraßen auch sehr voll?	
Gabi:	. . .	
3. Jochen:	Wer ist vorne gefahren?	
Gabi:	. . .	
4. Jochen:	Habt ihr in einer Jugendherberge oder in einem Hotel übernachtet?	
Gabi:	. . .	
5. Jochen:	Was habt ihr euch am Abend gekocht?	
Gabi:	. . .	
6. Jochen:	Hat euch die Gulaschsuppe geschmeckt?	
Gabi:	. . .	
7. Jochen:	Wieviele Betten waren in eurem Schlafzimmer?	
Gabi:	. . .	
8. Jochen:	Seid ihr abends gleich eingeschlafen?	
Gabi:	. . .	
9. Jochen:	Wann seid ihr am nächsten Morgen aufgestanden?	
Gabi:	. . .	

Useful words

die Haupstraße (-n)	main road
die Nebenstraße (-n)	secondary road
vorne	in front
übernachten	to stay overnight
gleich	immediately

Fridolin sucht seine Mutter

A Questions
1. What kind of people did they meet at the next farm and what precaution did Hartmut take?
2. What did Rita lose, why was she so concerned about it and what did Hartmut suggest to help her?
3. How did Hartmut warm the body of the little child?
4. How did Fridolin get separated from his family?
5. What good news did they hear from the Red Cross sister?

B Fragen
1. Wo schlief Hartmut in der Nacht?
2. Warum gab Hartmut seiner Schwester ein Paar Skisocken?
3. Wen fand Hartmut im Schnee?
4. Was konnten die Flüchtlinge von den Rotkreuzschwestern

27

bekommen?

5. Wer war vor einer halben Stunde bei der Leiterin der Roten-Kreuz-Station gewesen?

C Written dialogue

Helmut sees Astrid in the street and asks her what is wrong and why she is looking so sad. Astrid has lost her little sister. Helmut wants to know her sister's name and age and what she is wearing. Then he asks Astrid when she last saw Steffi and in which shops Astrid went to do her shopping. He suggests that Steffi might have gone home or that someone has taken her to the police. Then he sees Steffi on the rocking horse in the supermarket.

Take the part of Helmut.

1. Helmut: . . .
   Astrid: Ich habe meine kleine Schwester verloren.
2. Helmut: . . .
   Astrid: Meine Schwester heißt Steffi.
3. Helmut: . . .
   Astrid: Sie ist vier Jahre alt.
4. Helmut: . . .
   Astrid: Sie hat einen dunkelblauen Wintermantel an.
5. Helmut: . . .
   Astrid: Ich habe sie zuletzt vor einer halben Stunde gesehen.
6. Helmut: . . .
   Astrid: Ich bin in den Supermarkt und in die Bäckerei gegangen.
7. Helmut: . . .
   Astrid: Nein, ich glaube nicht, daß meine Schwester nach Hause gegangen ist.
8. Helmut: . . .
   Astrid: Es ist möglich, daß jemand sie zur Polizei gebracht hat.
9. Helmut: . . .
   Astrid: Ja, da sitzt sie auf dem Schaukelpferd. Gott sei Dank!

Useful words:

an/haben   to wear
zuletzt   last

jemand	someone
das Schaukelpferd (-e)	rocking horse

Auf dem Gut Poserow

A Questions
1. What kind of welcome did Rita receive when she rang the bell at Mr. Poserow's house?
2. Who did they think she was and how did this confusion arise?
3. How did Rita eventually obtain a pair of gloves?
4. What does the young officer say about the war situation?
5. What does he implore Rita to do and what are his reasons?

B Fragen
1. Wo hoffte Rita Futter für die Pferde zu bekommen?
2. Wie sah Herr Poserow aus, als er die Tür aufmachte?
3. Was für Leute waren bei der Familie Poserow im Haus?
4. Woraus nähte sich Rita die Handschuhe?
5. Mit wem war Marion verlobt?

C Written dialogue
Rainer has lost his way and Elke wants to know how he eventually found the camping site. Elke asks him where he stopped, what he did then, how often he rang the bell, how long he had to wait and who opened the door. She also wants to know what the girl looked like, if she was alone in the house, if she thought that Rainer was a burglar and who showed him the way to the camping site.

Take the part of Elke and ask the questions.

1. Elke: . . .
   Rainer: Ich habe auf einem Bauernhof angehalten.
2. Elke: . . .
   Rainer: Ich bin vom Rad gestiegen und zum Haus gegangen.
3. Elke: . . .
   Rainer: Ich habe dreimal geklingelt.
4. Elke: . . .
   Rainer: Ich mußte ungefähr fünf Minuten warten.
5. Elke: . . .
   Rainer: Ein kleines Mädchen hat die Tür aufgemacht.
6. Elke: . . .
   Rainer: Sie sah sehr blaß und ängstlich aus.

29

7. Elke: ...
Rainer: Nein, sie war nicht allein im Haus. Ihr Bruder war auch da.
8. Elke: ...
Rainer: Ja, ich glaube sie hat mich zuerst für einen Einbrecher gehalten.
9. Elke: ...
Rainer: Ihr Bruder hat mir den Weg zum Campingplatz gezeigt.

Useful words:

an/halten	to stop
wie sieht er aus?	what does he look like?
zuerst	at first
halten für	to take for

Bei der Gräfin Sybille

A Questions
1. What did Rita notice when they approached the house of the Countess Sybille?
2. How did they find the Countess on their arrival?
3. How had she prepared herself for the Russian invasion?
4. What rather macabre scene did she show her guests?
5. What kind of people had stayed in her house in the past and why had she enjoyed their company?

B Fragen
1. Wie sah die Gräfin Sybille aus?
2. Was für Musik hörte sie gerade, als Rita und Hartmut in den Salon eintraten?
3. Was für Geschichten erzählte sie ihren Gästen?
4. Was hatte der Apotheker ihr gegeben?
5. Wo stand die Gräfin, als Rita und Hartmut weiterritten?

C Written dialogue
Werner has visited an old aunt and his mother asks him about it. Aunt Amalie has snow white hair and blue eyes and she wore a green silk dress. He gave her cigarettes because she smokes a lot. They drank a bottle of wine together. Aunt Amalie spoke of old times and played jazz on the piano. The pharmacist and his wife were also there. They stayed for two hours and Werner

30

left after dinner.

Take the part of Werner and complete the following conversation.

1. Mutter: Wie sah Tante Amalie aus?
   Werner: ...
2. Mutter: Was für ein Kleid trug sie?
   Werner: ...
3. Mutter: Warum hast du ihr Zigaretten mitgebracht?
   Werner: ...
4. Mutter: Was habt ihr zusammen getrunken?
   Werner: ...
5. Mutter: Wovon hat Tante Amalie gesprochen?
   Werner: ...
6. Mutter: Was für Musik hat sie auf dem Klavier gespielt?
   Werner: ...
7. Mutter: Waren noch andere Leute da?
   Werner: ...
8. Mutter: Wie lange sind sie geblieben?
   Werner: ...
9. Mutter: Wann bist du losgefahren?
   Werner: ...

Useful words:
schneeweiß	snow white
das Seidenkleid (-er)	silk dress
von alten Zeiten	of old times
der Apotheker (-)	pharmacist

Ankunft

A Questions
1. When had Rita and Hartmut left East Prussia and when did they arrive at their aunt's house in Holstein?
2. What did the family own in East Prussia?
3. What gave them new hope for the future?

B Fragen
1. Wie heißen die Flüsse, die sie überquert haben?
2. Wieviele Kilometer waren sie geritten?
3. Wo wohnte ihre Tante?

31

Flucht nach Westberlin

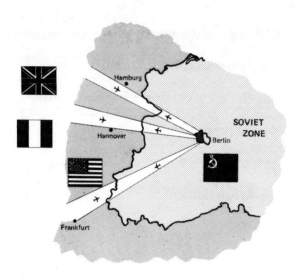

WEST BERLIN — eine Insel in der sowjetischen Zone

 West Berlin
East Berlin
Luftwege von und nach Berlin

Introduction

After the war, Germany was divided by the four victorious powers — the USA, the Soviet Union, Great Britain and France — into four occupation zones. But co-operation between the four powers in Germany practically came to an end in 1947/48. Fundamental differences existed from the outset over the question of what democratisation of Germany was to mean. The Western powers were agreed on basic principles such as legal security, civic liberties, and the existence of private property and private enterprise. The Soviet Union, however, wanted a communist system in which most things are controlled by the state.

Thousands of people continued to cross from the Soviet occupied zone to the West, many of them, like Ernst in the following story, fearing for their personal security if they stayed on in the Soviet zone.

This is also the beginning of what is known as the 'cold war'. In the countries of Eastern Europe, the Soviet Union set up governments like their own, controlled by a communist party. No opposition party was allowed. A little later, in 1948/49, Berlin was to become the scene of a cold war crisis. The Russians had blockaded the western sector of Berlin, which was controlled by the USA, Britain and France. But American and British forces kept the city alive by flying in enormous quantities of food and other materials.

Im Geschäft

Johanna erschrak. Der russische Soldat kam ins Geschäft. Er kam auf sie zu. Was wollte er von ihr?

„Sind Sie Frau Richter?"

„Ja."

„Ist Ernst Richter Ihr Mann?"

„Ja."

„Wir suchen Ihren Mann. Wo ist er?"

„Ich weiß es nicht", sagte Johanna.

„Wir waren bei Ihnen zu Hause. Ihr Mann ist nicht zu Hause. Wo ist er?"

„Er ist aufs Land gefahren", log sie. „Er hilft den Bauern bei der Arbeit."

„Sagen Sie Ihrem Mann, er soll morgen um elf Uhr zur Kommandantur kommen." Der Russe drehte sich um und verließ das Geschäft.

„O Gott!" dachte Johanna verzweifelt. „Was soll ich nur machen? Was wollen die Russen denn nun von Ernst? Sie haben ihn doch freigelassen." 1945, als die Russen in die Stadt einmarschierten, hatten sie Ernst Richter verhaftet. Drei Jahre lang war er in russischer Gefangenschaft gewesen. Vor zwei Wochen war er nach Hause gekommen. Er war sehr krank. Er hatte eine Lungenentzündung, und jetzt lag er im Krankenhaus. Sie mußte sofort zu ihrem Mann, mit ihm sprechen und ihn warnen.

Johanna arbeitete in einem Geschäft. Sie mußte für sich und ihre beiden Kinder den Lebensunterhalt verdienen. Die Kinder waren noch klein. Rainer ging vormittags zur Schule und Renate in den Kindergarten. Johannas Chef, Herr Meyer, kam zu ihr.

„Was wollte der Russe?"

„Er hat nach Ernst gefragt. Ach, ich habe solche Angst!"

Herr Meyer verstand sofort.

„Johanna, Sie müssen sofort zu Ihrem Mann und mit ihm reden."

„Und das Geschäft?"

„Machen Sie sich keine Sorgen. Sie brauchen heute nicht mehr zurückzukommen."

Johanna war erleichtert und sah ihren Chef dankbar an.

„Seien Sie vorsichtig!" fuhr Herr Meyer fort. „Riskieren Sie nichts! Ernst darf auf keinen Fall in Ihre Wohnung zurück. Er muß sich irgendwo verstecken."

„Aber wo?" fragte Johanna. „Wo kann Ernst sich verstecken? Wo können die Russen ihn nicht finden?"

„Hm. . ., ein paar Tage kann Ernst zu uns kommen. Meine Frau ist bestimmt damit einverstanden. Und dann sehen wir weiter."

„Vielen Dank, Herr Meyer."

Im Krankenhaus

Als Johanna aus dem Geschäft trat, sah sie sich nach rechts und links um. An der Ecke standen russische Soldaten, aber der von vorhin war nicht unter ihnen. Ihr Herz klopfte stark, als sie zum Krankenhaus ging. Sie drehte sich öfter um, aber niemand schien ihr zu folgen. Vor dem Krankenhaus standen russische Posten. Aber die standen immer da.

Der Wachposten ließ Johanna ohne weiteres durch. Sie betrat das Krankenhaus.

Prisoners of war are coming home.

„Ich möchte gern Oberschwester Luise sprechen."
Der Pförtner schüttelte den Kopf. „Sie hat sehr viel zu tun".
„Bitte, es ist sehr wichtig."
Der Pförtner sah sie an und las die Angst in ihren Augen. Er nickte. „Gut", sagte er, „ich führe Sie gleich zur Oberschwester."
Oberschwester Luise saß am Schreibtisch in ihrem Büro.
„Ich heiße Johanna Richter. Wie geht es meinem Mann, Ernst Richter?"
„Es geht ihm besser. Er ist aber noch sehr schwach und macht nur langsam Fortschritte."
„Hat jemand nach Ernst gefragt?"
„Nein."
„Ein russischer Soldat ist vor etwa einer halben Stunde zu mir ins Geschäft gekommen. Er hat Ernst gesucht. Ernst soll sich spätestens morgen um elf Uhr auf der Kommandantur melden."
„Setzen Sie sich, Frau Richter. . . . Ihr Mann muß fort von hier, so schnell wie möglich. Wenn ein russischer Offizier zu uns kommt und Ihren Mann verlangt, können wir ihn nicht beschützen. Wir müssen ihn ausliefern. Ihr Mann ist nicht mehr sicher hier. Die Russen werden ihn finden, wenn er in der Stadt bleibt. Ihr Mann muß nach Westberlin."
„Aber er ist doch krank. Kann er denn fahren?"
„Er hat keine Wahl."
„Wie bekomme ich aber eine Fahrkarte? Es dauert Wochen, bis man eine Fahrkarte für den Zug nach Berlin bekommt."
„Vielleicht kann ich Ihnen helfen. Ich habe einen Freund, der arbeitet im Büro bei der Eisenbahn. Der muß Ihnen eine Fahrkarte für morgen früh besorgen. Ich werde gleich mit ihm sprechen."
„Danke."
„Aber Ihr Mann muß noch heute das Krankenhaus verlassen. Es ist zu gefährlich hier. Haben Sie Freunde, bei denen er heute nacht schlafen kann? Er darf auf keinen Fall Ihre Wohnung betreten."
„Ja", sagte Johanna, „ich glaube, das geht."
Erst dann ging Johanna zu Ernst. Sie sprach sehr leise, denn es waren viele andere Patienten im Zimmer.
„Was wollen die Russen denn noch von mir? Nein, ich gehe nicht zur Kommandantur. Ich will fort, fort von hier." Ernst schrie fast. Er hatte sich im Bett hochgesetzt und umklammerte

The Soviet occupation zone.

die Hand seiner Frau. „Das sollst du ja auch." Johanna versuchte, ihn zu beruhigen.

„Heute nacht sollst du bei Franz Meyer schlafen, und morgen früh fährst du dann mit dem Zug nach Westberlin."

„Was soll ich denn in Berlin?"

„Da wohnt deine Kusine Magdalene. Geh zu ihr, sie muß dir weiterhelfen."

„Und du? Und die Kinder?"

„Wir kommen später nach. Aber erst mußt du fort von hier."

„Ja", sagte Ernst, „Ich will hier nicht länger bleiben."

Johanna sprach jetzt mit lauter Stimme, so daß auch der Nachbar zur Linken sie hören konnte. Er hatte nämlich die ganze Zeit neugierig herübergeschaut.

„Weißt du, Ernst, daß du ganz gesund bist? Die Oberschwester hat es mir soeben gesagt. Du kannst gleich mit mir nach Hause gehen. Freust du dich?"

„Ja, ja", sagte Ernst. Er wußte nicht so recht, was er sagen sollte.

37

Johanna half ihrem Mann beim Anziehen. Ernst mußte viel husten, er war noch sehr schwach. Er stützte sich schwer auf seine Frau und ging langsam mit ihr aus dem Zimmer.

„Wie bringe ich ihn nur zu Franz Meyer?" dachte Johanna besorgt.

Draußen auf dem Korridor wartete ein Krankenpfleger mit einem Rollstuhl.

„Die Oberschwester konnte leider keinen Krankenwagen bekommen, und deshalb schickt sie mich. Ich soll Sie zur Bushaltestelle bringen."

Herr Meyer wohnte nicht weit vom Krankenhaus, aber für Ernst, der bis jetzt im Bett gelegen hatte, war die Fahrt sehr anstrengend. Endlich standen sie vor dem Haus. Johanna klingelte. Frau Meyer machte die Tür auf und empfing ihren Gast mit einem freundlichen Lächeln.

„Na, da bist du ja endlich Eduard! Komm herein lieber Bruder! Aber warum bist du denn zuerst ins Geschäft gegangen? Vielen Dank Johanna, daß Sie meinen Bruder hierhergebracht haben."

Und dann fügte sie leise hinzu: „Es ist besser so. Die Nachbarn hier sind sehr neugierig und hören alles."

Mit den Kindern am Strand

Johanna ließ Ernst bei Frau Meyer. Sie konnte jetzt doch nichts mehr für ihn tun. Heute war ihr freier Nachmittag, und so ging sie langsam nach Hause.

Rainer und Renate standen am Fenster und hielten nach ihr Ausschau. Ihre Gesichter waren sauber und ihre Haare gekämmt.

„Wo warst du denn so lange, Mutti? Wir haben schon immerzu auf dich gewartet," rief Rainer vorwurfsvoll.

Ach! sie hatte es ganz vergessen. Heute war ja Renates Geburtstag. Vier Jahre war sie alt. Johanna hatte den Kindern versprochen: „An Renates Geburtstag dürft ihr Vati im Krankenhaus besuchen. Endlich ist Vati wieder bei uns, und da wollen wir den Geburtstag zusammen feiern." Die Kinder hatten sich so darauf gefreut. Was sollte sie ihnen jetzt sagen?

„Kommt, setzt euch zu mir." Johanna nahm Renate auf den Schoß und legte ihren Arm um Rainer. Die Kinder fühlten, daß etwas Wichtiges geschehen war.

38

Black Market dealings in Berlin.

„Warum gehen wir nicht zu Vati?" fragte Rainer.

„Ich will doch Vati meinen Teddy zeigen, den ich von Tante Karin bekommen habe."

„Wir können Vati heute nicht besuchen. Ich sage euch später, warum nicht. Stellt jetzt keine Fragen", sagte Johanna.

Und im Stillen dachte sie: „In was für einer Zeit leben wir nur! Selbst meinen Kindern kann ich nicht die Wahrheit sagen."

„Können wir dann wenigstens zum Strand gehen?" fragte Renate.

Johanna hatte wenig Lust dazu.

„Ja bitte", bettelte nun auch Rainer. „Es ist doch Renates Geburtstag."

Die Kinder hatten eigentlich recht. Sie konnte im Augenblick doch nichts für Ernst tun. Johanna packte also die Badesachen und Handtücher zusammen, machte ein paar Brote fertig, und dann ging sie mit den Kindern los.

Es waren nicht viele Leute am Strand. Renate rannte gleich ins Wasser. Sie planschte und spritzte so, daß Johanna auch ganz naß wurde.

„Bleibt am Ufer", rief Johanna den Kindern zu. „Ich möchte ein bißchen schwimmen. Wenn ihr Hunger habt, in der Tasche sind Brote."

Johanna liebte die See, und sie wollte eine Weile allein sein. Die letzten Wochen waren nicht einfach für sie gewesen. Drei Jahre hatte sie auf Ernst gewartet. Sie hatte nicht gewußt, ob er noch lebte. Es waren verschiedene Transporte von Kriegsgefangenen zurückgekommen. Ernst war nicht dabei gewesen. Und dann war er doch endlich gekommen. Aber er war so anders, so schwierig. Er verstand nicht, daß sich so vieles seit 1945 verändert hatte. „Was sind denn das für Menschen in unserer Wohnung?" hatte er böse gefragt. Johanna und die Kinder hatten nur ein Zimmer behalten dürfen. In den anderen Zimmern ihrer Wohnung wohnten jetzt Flüchtlinge. Ihm mißfiel, daß seine Frau arbeitete. Die Kinder gingen ihm auf die Nerven. Nichts war ihm recht.

Johanna blickte zum Strand zurück. Die Kinder bauten eine Burg im Sand. Ein Mann stand dabei und spielte mit ihnen. Renate lachte laut. Johanna schwamm zum Ufer zurück.

„Mutti, Mutti," rief Renate aufgeregt. „Schau, was ich habe!" Renate lief auf ihre Mutter zu. In der Hand hielt sie ein großes Stück Wurst. Davon konnten sie alle eine Woche leben.

„Von wem hast du denn die Wurst?" fragte Johanna.

„Von dem Mann dort drüben."

Johanna trocknete sich schnell ab und ging zu dem Mann, der da in Hemdsärmeln saß und ein Buch las. Erst jetzt erkannte sie die russische Uniform. Johanna zögerte, sie wollte zurück, doch der Mann schaute sie mit großen, freundlichen Augen an.

Johanna zeigte auf die Wurst in Renates Hand und sagte einfach: „Vielen Dank."

Der Russe war ungefähr so alt wie Johanna. Er konnte gut deutsch sprechen.

„Die Kinder hatten nur trockenes Brot. Das ist nicht recht. Wenigstens die Kinder sollen nicht hungern," sagte er und streichelte Renates Kopf.

Johanna war so froh. Sie wußte jetzt, daß alles gut gehen würde, auch mit Ernst. Sie lief auf den Mann zu und drückte ihm die Hand. „Danke, vielen Dank", sagte sie noch einmal.
„Darf ich ein Stück Wurst haben?" bettelte Renate. Johanna lachte.
„Aber natürlich, du sollst ein ganz großes Stück bekommen und Rainer auch."

Abfahrt

Als Rainer und Renate im Bett lagen, packte Johanna den Koffer für ihren Mann. Ernst konnte bestimmt nicht viel tragen, und so packte sie nur das Notwendigste zusammen: Waschzeug, Rasierapparat, einige Kleidungsstücke und vor allem Dokumente, denn Ernst mußte versuchen, in Westberlin Arbeit zu finden. Dann legte sie noch ein Foto von sich und den Kindern dazu.
Am nächsten Morgen stand Johanna um fünf Uhr auf. Sie zog sich ganz leise an, um die Kinder nicht zu wecken, und ging dann zum Krankenhaus. Oberschwester Luise hatte Wort gehalten und ihr eine Fahrkarte besorgt. Johanna war erleichtert. Ernst konnte mit dem Zug um 7.40 Uhr fahren.
„Der Zug fährt nur bis Ostberlin", sagte die Oberschwester. „Ihr Mann muß dann von Ostberlin über die Sektorengrenze nach Westberlin. Sagen Sie ihm, er soll nicht mit dem Zug sondern mit der U-Bahn weiterfahren. In den letzten Tagen haben die Russen die Züge scharf kontrolliert."
Johanna dankte der Oberschwester. Sie ging dann zu Ernst, um ihm die Fahrkarte zu bringen.
„Ich muß noch deinen Koffer holen", sagte Johanna.
„Am besten wir treffen uns am Bahnhof", meinte Ernst.
„Ja, aber wie kommst du zum Bahnhof?"
„Mit dem Auto."
„Mit was für einem Auto?"
„Herr Meyer sagte, er bekäme einmal in der Woche ein Auto, um Sachen für sein Geschäft einzukaufen. Er hat sich für heute das Auto bestellt."
Johanna ging wieder nach Hause zurück. Rainer war schon aufgestanden. Sie machte den Kindern das Frühstück, dann weckte sie Renate und half ihr beim Anziehen.
„Sei lieb, Renate", sagte sie. „Ich muß heute schon früh weg. Rainer wird dich in den Kindergarten bringen."

41

Identity cards are being checked at a railway station.

Sie gab den Kindern einen Kuß, dann nahm sie den Koffer und verließ das Haus. Es war sieben Uhr. Um diese Zeit waren schon viele Menschen auf der Straße. An der Ecke stand ein Mann im grauen Mantel. Er ging hinter ihr her. Was wollte er?

42

Johanna blieb stehen, bückte sich und machte ihren Schnürsenkel zu. Der Mann ging weiter, ohne sie zu beachten. Ach, sie war einfach zu nervös.

Um zehn Minuten nach sieben stieg Ernst Richter ins Auto. Franz Meyer fuhr los. Aus der Seitenstraße kam ein Lastwagen, der sehr schnell fuhr. Er kam von links, aber er hielt nicht. Franz Meyer trat scharf auf die Bremse. Ernst flog mit dem Kopf gegen die Scheibe. Ganz kurz vor dem Lastwagen kam das Auto zum Stehen. Herr Meyer hatte einen Schrecken bekommen und fuhr sehr vorsichtig weiter. Um halb acht kamen sie zum Bahnhof. Johanna wartete schon auf sie.

Auf dem Bahnhof waren sehr viele russische Soldaten. Wollten sie etwa auch alle mit dem Zug fahren? Warum kam der Zug nicht? Es wurde acht Uhr, es wurde halb neun, aber vom Zug war nichts zu sehen. Die Menschen wurden ungeduldig. Die Lokomotive ist bestimmt wieder kaputt, sagten die einen. Es gibt wieder keine Kohle, sagten die anderen. Die Russen lassen den Zug nicht fahren, meinte eine dritte Gruppe. Aber niemand verließ den Bahnsteig, niemand ging nach Hause. Endlich um zehn Minuten nach neun hörte man das Stampfen der Lokomotive. Der Zug rollte heran. Er war sehr voll. Alle Plätze waren besetzt, und in den Korridoren standen viele Menschen.

Herr Meyer lief zum letzten Wagen, weil der nicht ganz so voll war. Er nahm den Koffer und stellte ihn in den Zug. Dann half er Ernst beim Einsteigen. Ernst setzte sich auf den Koffer. Er hatte Fieber. Johanna strich ihm das nasse Haar aus der Stirn und sagte: „Vergiß es nicht, fahre mit der U-Bahn weiter. Dann geh zu Magdalene. Sie wird dir helfen."

Der Zug fuhr ab und verschwand in der Ferne. Johanna fühlte sich sehr elend. Nur ein paar Wochen waren Ernst und sie zusammengewesen. Wie würde es Ernst jetzt ergehen? Ach, sie konnte ihm nicht mehr helfen. „Hoffentlich sind die Kontrollen an der Sektorengrenze nicht scharf. Hoffentlich ist Ernst stark genug. O Gott, hilf ihm!" flehte Johanna.

In den nächsten Tagen war sie sehr nervös. Sie machte sich große Sorgen. Zehn Tage mußte sie warten, dann endlich kam ein Brief von Magdalene: „Ernst ist hier in Westberlin im Krankenhaus. Er hat eine Lungenentzündung, aber es geht ihm schon viel besser."

Johanna lachte, küßte Renate und umarmte Rainer. „Gerettet! Euer Vater ist gerettet!" Tränen rollten ihr über die Wangen.

43

Exercises

Im Geschäft

A Questions
1. Why did the Russian soldier enter the shop?
2. Why did Johanna lie to him and what exactly did she say?
3. When was Ernst taken prisoner by the Russians?
4. Where was Ernst now and why was he there?
5. Where did Johanna leave the children when she was working?

B Fragen
1. Warum erschrak Johanna?
2. Wo hatte der russische Soldat Ernst nicht gefunden?
3. Wann war Ernst aus russischer Gefangenschaft zurückgekommen?
4. Wohin wollte Johanna sofort gehen und mit wem wollte sie sprechen?
5. Bei wem konnte sich Ernst ein paar Tage verstecken?

C Written dialogue
Heinz reads in the paper that the police have arrested Rudolf, a tramp, because he stole a bike and hid it in the forest. Heinz knows Rudolf quite well because he is a doctor and the tramp had been in hospital last winter suffering from pneumonia. In the summer Rudolf helps the farmers, in the winter he sometimes helps in a shop. The police will set him free in a couple of days.

Take the part of Heinz and answer Sylvia's questions.

1. Sylvia: Was steht in der Zeitung?
   Heinz: . . .
2. Sylvia: Wer ist denn Rudolf?
   Heinz: . . .
3. Sylvia: Was hat er gestohlen?
   Heinz: . . .
4. Sylvia: Wo hatte er das Rad versteckt?
   Heinz: . . .
5. Sylvia: Woher kennst du Rudolf denn so gut?
   Heinz: . . .
6. Sylvia: War er schwer krank?

Heinz: ...
7. Sylvia: Wie verdient er seinen Lebensunterhalt?
Heinz: ...
8. Sylvia: Und was macht er im Winter?
Heinz: ...
9. Sylvia: Wann wird die Polizei ihn freilassen?
Heinz: ...

Useful words:

verhaften	to arrest
der Landstreicher (-)	tramp
verstecken	to hide
die Lungenentzündung	pneumonia
frei/lassen	to set free

Im Krankenhaus

A Questions
1. Why do you think Johanna turned round so often when she left the shop?
2. Why did Sister Luise advise against Ernst staying on in hospital?
3. Describe Ernst's reactions when Johanna told him that the Russians had been looking for him.
4. How did Ernst manage to reach the bus stop?
5. Why do you think Mrs. Meyer pretended that Ernst was her brother?

B Fragen
1. Zu wem ging Johanna zuerst, als sie das Krankenhaus betrat?
2. Wohin sollte Ernst fahren?
3. Wer würde die Fahrkarte für Ernst besorgen?
4. Wen sollte Ernst in Berlin besuchen?
5. Warum war die Fahrt zu Franz Meyer so anstrengend für Ernst?

C Written dialogue
Andrew broke his leg while on holiday in Hamburg. His friend Gerd visits him in hospital. Andrew wants to know whether Gerd spoke to the doctor or the matron, what the matron said, when he can leave the hospital and when he can go back to England. He wonders what is the best way to travel, who can

45

help him in Harwich, who will buy the ticket for him, where he can sleep tonight and if Gerd lives far from the hospital.

Take the part of Andrew and ask the appropriate questions.

1. Andrew: . . .
   Gerd: Ich habe mit der Oberschwester gesprochen.
2. Andrew: . . .
   Gerd: Sie hat gesagt, daß es dir besser geht.
3. Andrew: . . .
   Gerd: Du kannst das Krankenhaus heute nachmittag verlassen.
4. Andrew: . . .
   Gerd: Wenn du willst, kannst du morgen zurück nach England fahren.
5. Andrew: . . .
   Gerd: Am besten fährst du mit dem Schiff von Hamburg nach Harwich.
6. Andrew: . . .
   Gerd: Ich habe einen Freund in Harwich. Er kann dir weiterhelfen.
7. Andrew: . . .
   Gerd: Ich besorge dir die Fahrkarte.
8. Andrew: . . .
   Gerd: Du kannst natürlich bei uns zu Hause schlafen.
9. Andrew: . . .
   Gerd: Nein. ich wohne nicht weit vom Krankenhaus. Mein Vater wird dich mit dem Auto abholen.

Useful words:
verlassen   to leave
besorgen   to get

Mit den Kindern am Strand

A Questions
1. What had Johanna promised the children and why had it been planned for today?
2. What did the children want to do instead and what simple preparations were required?
3. In which way had Ernst been difficult to live with after he had come home? What kinds of things did he disapprove of?

46

4. Why was Renate so excited?
5. What was Johanna's first reaction when she saw the young man's uniform?
6. Why was Johanna so delighted about the young man's gift? Give at least two reasons.

B *Fragen*
1. Was für ein besonderer Tag war es für Renate?
2. Von wem hatte Renate den Teddy bekommen?
3. Wohin ging Johanna mit den Kindern?
4. Was machten die Kinder, während Johanna in der See schwamm?
5. Von wem hatte Renate die Wurst bekommen?
6. Warum hatte der russische Offizier den Kindern die Wurst geschenkt?

C *Written dialogue*
Paula is staying as an 'au pair' with a German family, looking after Rolf, a five year old boy. Paula tells Frau Weber how they spent the day: they went to the beach, not many people were there in the morning; Rolf went straight into the water and paddled and splashed. Then Rolf built a sand castle and Paula read a book. Two little boys played with Rolf, they were about the same age as him; they were English but their mother could speak German; and Rolf got chocolate from the mother.

Take the part of Paula and answer Frau Weber's questions.

1. Frau Weber: Was habt ihr denn heute gemacht?
   Paula: . . .
2. Frau Weber: Waren viele Leute am Strand?
   Paula: . . .
3. Frau Weber: Ist Rolf sofort ins Wasser gegangen?
   Paula: . . .
4. Frau Weber: Was habt ihr nach dem Baden gemacht?
   Paula: . . .
5. Frau Weber: Hat Rolf allein gespielt?
   Paula: . . .
6. Frau Weber: Wie alt waren die Jungen?
   Paula: . . .
7. Frau Weber: Waren es Deutsche?
   Paula: . . .

8. Frau Weber: Von wem hat Rolf die Schokolade bekommen?
   Paula: ...

Useful words:

spritzen	to splash
planschen	to paddle
eine Sandburg bauen	to build a sand castle
ungefähr so alt wie	about as old as
es waren Engländer	they were English

Abfahrt

A Questions

1. What essential things did Johanna pack in Ernst's suitcase?
2. Why did Johanna go to the hospital the next morning and what advice did the matron give her?
3. What aroused Johanna's suspicion when she left the house and how did she react?
4. How did Ernst get to the station?
5. Describe the accident that nearly happened. Who had right of way?
6. What, in the opinion of the people, are the most likely reasons for the train being late?
7. What was the news about Ernst in Magdalene's letter?

B Fragen

1. Was machte Johanna, nachdem die Kinder ins Bett gegangen waren?
2. Von wem bekam Johanna die Fahrkarte für Ernst?
3. Wie oft in der Woche bekam Herr Meyer das Auto?
4. Wohin ging Renate jeden Morgen, und wer würde sie heute dorthin bringen?
5. Warum mußte Herr Meyer scharf auf die Bremse treten?
6. Warum wurden die Menschen auf dem Bahnhof ungeduldig?
7. Wann bekam Johanna einen Brief von Magdalene?

C Written dialogue

Manfred and Inge nearly had an accident when they visited Frau Bucardi. They left their house at seven o'clock; there were many cars on the road, and a Mercedes nearly drove into their car. They were on the main road, and the Mercedes came from the left out of a sidestreet. The Mercedes was travelling too quickly

48

and Manfred had to step sharply on his brakes. Inge hit her head against the windscreen and Manfred got a fright.

Take the part of Manfred and answer Frau Bucardi's questions.

1. Frau Bucardi: Wann seid ihr von zu Hause losgefahren?
   Manfred: . . .
2. Frau Bucardi: Warum kommt ihr so spät?
   Manfred: . . .
3. Frau Bucardi: Ist etwas passiert?
   Manfred: . . .
4. Frau Bucardi: Wo wart ihr?
   Manfred: . . .
5. Frau Bucardi: Und woher kam der Mercedes?
   Manfred: . . .
6. Frau Bucardi: Warum hat der Mercedes nicht gehalten?
   Manfred: . . .
7. Frau Bucardi: Was hast du gemacht?
   Manfred: . . .
8. Frau Bucardi: Ist Inge etwas passiert?
   Manfred: . . .
9. Frau Bucardi: Und wie geht es dir?
   Manfred: . . .

Useful words:

los/fahren	to drive off
von links	from the left
aus einer Seitenstraße	out of a side street
scharf auf die Bremse treten	to step sharply on the brakes
mit dem Kopf gegen die Scheibe fliegen	to hit one's head against the windscreen
einen Schrecken bekommen	to get a fright

Nach dem Bau der Mauer

Deutschland 1961

——— die Grenze
– – – Flucht von Ostberlin
nach Hamburg

Introduction

In 1949 two German states came into being. In the West, the Federal Republic was founded and a few weeks later the East German state, the German Democratic Republic, was created.

In East Germany the communist party, the *SED*, dominated from the beginning all political activity. Many people became dissatisfied with the measures they enacted. For example, private property and private enterprise were to be abolished to build up a socialist state. But many farmers whose land was taken away disliked the process of social transformation and fled to the west: technicians, craftsmen and skilled labourers disliked the measures affecting small-scale industry and left the GDR. Parents whose children were barred from entering higher education because of the parents' social status or political convictions went to West Germany. Day by day GDR citizens went to the Federal Republic and to West Berlin. To prevent "flight from the Republic" the GDR authorities from 1952 onwards constructed along the entire demarcation line with West Germany extensive barriers with barbed wire fences and minefields. But for a long time refugees were still able to go unhindered through East Berlin to West Berlin and from there to West Germany. And so, to close off this route, the GDR built overnight, on the 12–13th August 1961, a brick wall and a barbed wire barrier right through Berlin. By then some 3.5 million people had fled from East Germany to the West.

The Berlin Wall brought great hardship and suffering to many people. West Berliners were not allowed to visit the eastern sector where most of them had friends and relatives, nor were they allowed to visit members of their families in East Germany. East Berliners, obviously, could not travel to the West. Telephone services between the two parts were suspended. It was not until the Berlin Agreement of 1972 that the situation improved.

The following story is about two young people who are separated by the Berlin Wall.

Bernd in Hamburg

Bernd hielt Annemaries Brief in der Hand. Er las: „Ja, ich will kommen. Hilf mir rüber. Es muß aber etwas sein, wo man nicht schießt. Ich habe Angst."

Bernd hatte an der Universität in Westberlin studiert. In Berlin hatte er viel gesegelt, und beim Segeln hatte er Annemarie getroffen. Annemarie wohnte in Ostberlin. Sie war Krankenschwester. Damals konnte man noch leicht von einem Teil Berlins in den anderen gehen. Sie waren viel zusammen. Sie sind in Westberlin ins Theater oder ins Kino gegangen, oder er hat sie vom Krankenhaus abgeholt, und sie sind in Ostberlin segeln oder baden gegangen.

„Das kann man bei euch besser", hat Bernd gemeint. „Bei uns im Westen sieht man vor lauter Menschen oft das Wasser nicht mehr."

Im März hatte Bernd in Hamburg eine Stelle bei einer Computerfirma bekommen. Im September wollten sie heiraten. Er hatte schon eine Wohnung für sie beide in Hamburg. Aber dann wurde am 13. August die Mauer gebaut. Niemand durfte die

Berlin before 1961, at a border check-point.

Deutsche Demokratische Republik mehr verlassen.

Bernd ging zum Telefon und wählte eine Hamburger Nummer. „Ich habe eine Freundin in Ostberlin. Wir möchten heiraten. Sie will kommen. Können Sie uns helfen?"

„Ja", sagte die Stimme am anderen Ende. „Kommen Sie morgen um acht Uhr ins Gasthaus *Alte Mühle*. Setzen Sie sich in die Ecke, und lesen Sie eine Zeitschrift. Was ist Ihr Hobby? — Segeln? — Also gut, lesen Sie eine Segelzeitschrift."

Am nächsten Tag war Bernd um zehn Minuten vor acht in der *Alten Mühle*. Er bestellte sich ein Bier und schaute in die Zeitschrift. Ein junger Mann in Jeans und Pullover setzte sich an seinen Tisch. Sie sprachen lange miteinander. Dann schaute der andere auf seine Uhr.

„Ich bringe Sie jetzt zu Rudi. Rudi kann Ihnen weiterhelfen."

Sie gingen zu einem modernen Hochhaus, fuhren mit dem Lift zum 15. Stock und klingelten. Ein junges Mädchen machte ihnen auf.

„Kommen Sie herein", sagte sie und führte Bernd in ein Arbeitszimmer. Ein Mann mit blondem Haar und rötlichem Bart begrüßte ihn. Dann setzte er sich an die Schreibmaschine und tippte Bernds Antworten mit zwei Fingern auf einen Bogen weißes Papier.

„Sie heißt Annemarie, Annemarie Cohn", sagte Bernd. „Sie ist Krankenschwester im Krankenhaus Nord in Ostberlin und wohnt im Schwesternheim".

„Krankenhaus Nord? Das paßt gut. Das Krankenhaus kennen wir. Das besuchen wir regelmäßig", unterbrach ihn der andere.

„Sie ist 23 Jahre alt", fuhr Bernd fort.

„Wie groß ist sie?"

„Fast so groß wie ich, ungefähr 1,70 Meter."

„Farbe der Augen?"

„Blau, blau-grün. Ich habe ein Foto von ihr mitgebracht. Hier ist es."

„Es kostet etwas", sagte Rudi. „Sie verstehen, wir brauchen Geld für die Fahrkarten. Unsere Organisation braucht immer Geld."

„Ja, natürlich", sagte Bernd. „Wieviel wollen Sie haben?"

„Hm, Sie haben gerade Ihr Studium beendet. Sie arbeiten noch nicht lange. Wie ist es mit 500 oder 600 DM, können Sie das bezahlen?"

„Ja", sagte Bernd.

„Zwei Monate wird es schon dauern. Wir müssen zuerst einen Paß für Ihre Freundin finden."

„Einen Paß?"

„Ja, einen westdeutschen Paß, damit ihre Freundin über die Grenze kommt. Wir müssen jemanden finden, der ihr ähnlich ist."

„Vielleicht kann ich da helfen. Ich kenne ein Mädchen, sie heißt Barbara Thoma und ist die Schwester von meinem Freund. Sie ist so alt wie Annemarie, und die beiden sind ungefähr gleich groß."

„Ausgezeichnet! Sprechen Sie mit Fräulein Thoma. Wir nehmen inzwischen Kontakt mit unserer Organisation in Westberlin auf."

Annemarie in Ostberlin

Annemarie hatte Nachtdienst im Krankenhaus. Da kam die westdeutsche Studentin und gab ihr Bernds Brief. Annemarie steckte ihn schnell in ihre Schürzentasche.

„Was fehlt?" fragte die Studentin.

„Alles", sagte Annemarie, „Schlafmittel, Kopfschmerztabletten, Antibiotika. . ."

„Und Nescafé", sagte Gudrun, die Studentin.

„Nescafé?" wiederholte Annemarie verdutzt. Die Patienten brauchten doch keinen Kaffee, um gesund zu werden. Aber sie selbst trank Nescafé sehr gern. Bernd hatte ihr immer welchen mitgebracht. Wußte Gudrun das etwa?

Gudrun lachte über Annemaries dummes Gesicht, und da mußte auch Annemarie lachen. Die beiden Mädchen lachten so laut, daß die Oberschwester herauskam und Annemarie streng ansah.

„Bis bald, Schwester!" sagte Gudrun zu Annemarie und ging.

Mit dem Brief ging Annemarie in die nächste Toilette. Sie schloß die Tür ab. Sie riß den Umschlag auf. Bernd schrieb: „Wir alle sind sehr aufgeregt. Meine Schwester Barbara will mit dem Schiff nach Dänemark fahren. Alles ist sehr einfach. Die Fahrt ist gut organisiert."

Bernd hatte keine Schwester. Das war also der Brief, auf den sie so lange gewartet hatte. War sie froh? Annemarie dachte an die Grenzpolizisten mit ihren Maschinengewehren, an die Hunde, an die Minenfelder und den Stacheldraht. Sie hatte Angst.

Nach zehn Tagen kam Gudrun, die westdeutsche Studentin,

54

wieder zu Annemarie ins Krankenhaus. In der Hand hatte sie einen großen Karton Pralinen.

„Von einem dankbaren Patienten", lachte sie. Annemarie machte den Karton auf. Unter der ersten Lage Pralinen waren die Medikamente in kleinen Packungen und Tuben. Auch eine Büchse Nescafé war darunter. Annemarie mußte lachen. Die andere hatte Humor. Sie mochte Gudrun gern. Sie vertraute ihr ganz.

„Es ist Ihnen doch ernst mit der Reise?" fragte Gudrun.

„Ja", versicherte Annemarie.

In den nächsten Wochen traf Annemarie mit vielen Helfern zusammen. Sie war ihnen dankbar. Warum taten diese Menschen das? Warum wollten sie ihr helfen? Sie begaben sich selbst in Gefahr. Sie riskierten Verhaftung, Anklage wegen Menschenhandel und mehrere Jahre Gefängnis.

Annemarie arbeitete auch in der Organisation mit. Sie machte

Berlin after 1961; the wall seals off East Berlin

Reisen. Die westdeutschen Helfer konnten nur nach Ostberlin, sie durften aber nicht weiter in die DDR fahren. Sie als Ostdeutsche konnte natürlich Berlin verlassen und in andere ostdeutsche Städte fahren. Einmal brachte sie einer Arbeiterfamilie Geld und den Kindern etwas Kleidung. Der Vater war im Gefängnis, weil er etwas gegen den Bau der Mauer gesagt hatte.

„Das ist doch kein Grund, einen Mann ins Gefängnis zu werfen", dachte Annemarie. Sie wollte das Land verlassen, wo man nicht seine Meinung sagen durfte.

Am 25. November kam der Brief von Bernd.

„Meine Schwester Barbara will unbedingt Weihnachten in Dänemark verbringen. Jetzt will sie schon am 8. Dezember fahren. Heute haben wir einen Koffer für sie gekauft."

Annemarie hatte nicht mehr viel Zeit. Am Wochenende fuhr sie zu ihrer Mutter nach Erfurt.

„Was ist los, Kind?" fragte die Mutter.

Annemarie zögerte. Sollte sie ihrer Mutter etwas von ihrem Plan erzählen? Sicher würde sie ihr abraten. Außerdem war ihre Mutter in Gefahr, wenn sie von ihrer Flucht wußte. Aber sie hatte sich immer gut mit ihrer Mutter verstanden. Sie konnte nicht einfach wegfahren, ohne ein Wort zu sagen.

„Mutti, du kennst doch Bernd?"

„Ja".

„Wir wollten doch im September heiraten. Bernd hat schon eine Wohnung in Hamburg."

Die Mutter schaute Annemarie lange an. Ihr jüngster Sohn war in München. Nun wollte also auch die Tochter nach drüben. Sie dachte an die Grenzpolizisten mit ihren Maschinengewehren, an die Hunde, die Minenfelder und den Stacheldraht. Sie hatte Angst.

„Tue es nicht", sagte die Mutter leise. „Das ist Selbstmord."

„Es ist etwas, wo man nicht schießt", antwortete Annemarie.

Die Mutter sah ihre Tochter lange an und sah, wie entschlossen Annemarie war.

„Wann?" fragte sie.

„Anfang Dezember."

Tobi, Annemaries Dackel, sprang an ihr hoch und leckte ihr die Hand. Er wollte spazierengehen.

„Kommst du mit, Mutti?" fragte Annemarie.

Sie gingen in den Wald, und Tobi und Annemarie rannten den Berg hoch.

„Nicht so schnell", rief Annemaries Mutter, „ich komme nicht mit." Sie waren vergnügt und lachten viel. „Ich habe Theaterkarten für heute abend besorgt", sagte Annemaries Mutter. „Prima", sagte Annemarie, „dann lade ich dich vorher zum Essen ein." Am Montag morgen fuhr Annemarie mit dem Zug zurück nach Ostberlin. Ihre Mutter brachte sie zum Bahnhof. „Alles Gute, Annemarie, meine Annemarie", sagte die Mutter. Sie umarmte ihre Tochte, und Tränen rollten ihr über die Wangen.

Es geht los

Es war am Mittwoch morgen, als der Student aus Westberlin ihr den Brief brachte. Annemarie ließ sich ein paar Tage Urlaub geben. Sie arbeitete noch bis 14 Uhr. Dann ging sie auf ihr Zimmer. Auf dem Bett lagen die Kleider, die sie für teures Geld gekauft hatte. Die Qualität war so gut wie die westdeutsche. Sie hatte die ostdeutschen Etiketts abgetrennt. Das Kostüm war aus einem dunkelblauen importierten Wollstoff. Eine Schneiderin hatte es für sie nach einem französischen Schnitt genäht. Annemarie hängte die Schwesterntracht in den Schrank und räumte ihr Zimmer auf. Dann zog sie ihren blauen Mantel an. Dem Pförtner erzählte sie, daß sie zu ihrer Tante nach Leipzig fahren wollte. Sie ging über die Straße zur Haltestelle. Sie schaute sich nicht um.

Sie fuhr zu der Adresse, die im Brief stand. Es war ein altes Haus. Im Flur war es dunkel. Langsam stieg Annemarie die Treppe hoch. Die Wohnung lag im obersten Stock. Eine Frau mit einer weißen Schürze öffnete. Am Küchentisch saß Gudrun, die westdeutsche Studentin. Sie begrüßte Annemarie freundschaftlich, dann erklärte sie ihr alles. Sie legte einen Paß auf den Tisch. Es war nicht ihr Paß und nicht ihr Bild. Annemarie hatte bis zum Abend Zeit, um ihre Rolle zu lernen. Am Abend war sie Barbara Thoma aus Hamburg auf dem Weg nach Skandinavien. Sie war mit einem Flugzeug nach Westberlin geflogen und hatte den Transit von Ostberlin zur Ostsee in einem Reisebüro gebucht.

„Dieser braune Lederkoffer ist ein Geschenk von Bernd", sagte Gudrun und packte den Koffer aus. „Hier ist eine Tasche mit Waschzeug und Make-up, hier sind zwei Pullover, eine Bluse, ein Rock, Hausschuhe. Alles ist frisch gewaschen aber schon getragen und mit westdeutschen Fabriketikets versehen."

Modern Flats in East Berlin

„Ja", sagte Annemarie, „ich verstehe."

„Diese Handtasche gehört Ihnen auch. Im Portemonnaie finden Sie verschiedene Geldsorten, westdeutsches, ostdeutsches und dänisches Geld. Hier ist Ihre Fahrkarte nach Kopenhagen."

„Warum nach Kopenhagen, wenn ich doch nur bis zur dänischen Hafenstadt Gedser fahren will?" unterbrach Annemarie.

„Gedser? Gedser? Welcher Tourist will schon nach Gedser fahren? Wenn Ihre Fahrkarte nur nach Gedser geht, dann weiß jeder, daß Sie Republikflüchtling sind."

„Ja, wie dumm von mir", antwortete Annemarie.

„Hier im Portemonnaie sind auch noch alte Westberliner Busfahrscheine und eine Theaterkarte von gestern. Es gab Bertolt Brechts *Die Dreigroschenoper*. Sie kennen doch das Stück?"

Annemarie nickte.

„Um 20 Uhr hole ich Sie ab", sagte Gudrun und ging die

58

Treppe hinunter.

Annemarie mußte ins Wohnzimmer gehen und ihren Paß lernen. Der Paß hatte fünf Seiten mit Stempeln von verschiedenen Reisen. Annemarie stand am Fenster und schaute auf die Straße. Sie fühlte sich sehr allein. Die Tür öffnete sich. Ein junger Mann im blauen Pullover kam herein. Er nahm Annemarie den Paß aus der Hand und sagte beruhigend: „Das geht allen so, das mit den Nerven." Dann fragte er sie: „Wo sind Sie geboren?" Annemarie wußte die Stadt. „Und wann?" Annemarie irrte sich im Monat. Sie war jetzt 24 Jahre alt und im April geboren. Von Beruf war sie Kindergärtnerin. Der Beruf gefiel ihr. Der Mann im blauen Pullover hatte einen Schulatlas mitgebracht. Sie setzten sich an den Tisch und sprachen über die Reisen, die Barbara Thoma in den vergangenen Jahren gemacht hatte. Sie war zum Skilaufen in Österreich gewesen, hatte in Italien gebadet und in Dänemark gesegelt. Sie sprachen über Barbaras Heimatstadt Hamburg und über ihre Pläne in Kopenhagen. Es machte Annemarie Spaß, die Rolle von Barbara zu spielen. Sie war jetzt nicht mehr so nervös und konnte sogar etwas zum Abendbrot essen.

Annemarie sah auf das Foto in ihrem Reisepaß und dann in den Spiegel. Sie fand, sie sah anders aus als Barbara Thoma. Sie fragte den Mann im blauen Pullover. Der schaute die Frau mit der weißen Schürze fragend an. Sie nickte, nahm Kamm und Schere und schnitt Annemarie das Haar vorne und an den Seiten etwas kürzer. „Ich verstehe etwas davon", beruhigte sie Annemarie. „Ich habe früher beim Theater gearbeitet. Nun noch etwas Make-up. Wir müssen Ihre Augenbrauen dunkler machen. So, jetzt könnten Sie die Dame auf dem Foto sein."

Punkt acht Uhr kam Gudrun. Die beiden Mädchen tauschten die Mäntel. Annemarie zog Gudruns feinen englischen Tweedmantel an und setzte ihren dunkelbraunen Hut auf. Der Mann im blauen Pullover und die Frau mit der weißen Schürze schüttelten Annemarie die Hand und wünschten ihr alles Gute.

Gudrun trug jetzt Annemaries ostdeutschen Mantel, und in der Straßenbahn erklärte sie der ‚Touristin' Annemarie die Sehenswürdigkeiten der Stadt. Sie zeigte auf das Kaufhaus, den Marktplatz, das Rathaus, das Museum.

59

„Ach!" sagte Annemarie oder „Wie interessant!".

Die anderen Fahrgäste in der Straßenbahn betrachteten den ausländischen Tweedmantel, den Hut und das interessierte Gesicht der ‚Touristin'.

Sie kamen zum Bahnhof. Der Zug stand schon dort, und Annemarie stieg gleich ein. Gudrun ging neben ihr auf dem Bahnsteig entlang, bis Annemarie einen Platz gefunden hatte.

„Schöne Wochen in Kopenhagen", sagte Gudrun. „Schicken Sie uns eine Ansichtskarte."

Annemarie wußte nicht, was sie sagen sollte.

„Gehen Sie abends nicht allein ins Tivoli", lachte Gudrun, „und trauen Sie den blonden, blauäugigen Skandinaviern nicht."

Annemarie mußte lachen. Der Zug setzte sich langsam in Bewegung.

„Alles Gute!" rief Gudrun ihr nach.

Die Reise

Der Zug war ziemlich voll. In dem anderen Abteil hatte sie eine ehemalige Patientin gesehen. Annemarie hatte einen Schrecken bekommen und war schnell weitergegangen. Hoffentlich hatte die Dame sie nicht erkannt. In ihrem Abteil saß ein Schiffs- ingenieur, der eine Zeitschrift las, ein Industriearbeiter mit

A ferry leaving Warnemünde harbour.

seiner Freundin und ein älterer Herr. Annemarie holte ein Taschenbuch heraus. Sie betrachtete den Umschlag, ob es auch westlich genug aussah. Es war eine Sammlung von Anekdoten und lustigen Geschichten. Das Buch hatte ihr bestimmt Bernd geschenkt. Sie fing an zu lesen, konnte sich aber nicht so richtig konzentrieren. Sie nahm die Packung Zigaretten aus ihrer Tasche. Es waren westliche Zigaretten. Der ältere Mann, der ihr gegenüber saß, blickte auf. Sie bot ihm eine Zigarette an. Er dankte und begann ein Gespräch.

„So, nach Kopenhagen wollen Sie. Was wollen Sie denn dort machen?"

Annemarie war auf diese Frage vorbereitet.

„Meine Kusine ist mit einem Dänen verheiratet. Ich werde sie besuchen und mir die Stadt ansehen."

„Kopenhagen! Da müssen Sie sich die große Brauerei ansehen. Wie heißt sie doch noch?"

Vorsicht! dachte Annemarie. Ist das etwa ein Verhör? Aber laut sagte sie: „Meinen Sie die Carlsberg-Brauerei?"

„Ja natürlich, und dann ist da auch die kleine Meerjungfrau im Hafen."

Der Mann nickte ihr freundlich zu. Nein, er wollte sie bestimmt nicht ausfragen. Er war gutmütig, ein wenig lehrerhaft. Er bot Annemarie jetzt eine Zigarette an. Es war eine ostdeutsche Zigarette, das Fabrikat, das Annemarie gewöhnlich rauchte.

„Ja ich bin auch einmal in Kopenhagen gewesen", fuhr er fort. „Aber das ist schon lange her, das war noch vor dem Krieg. Jetzt ist es ja sehr schwierig für uns, ins westliche Ausland zu fahren."

Annemarie war froh, mit dem Herrn zu sprechen. Die Zeit verging schneller. Der Herr stieg in Rostock aus. Fast alle Leute verließen den Zug hier. Annemarie war jetzt ganz allein im Abteil. Der Zug setzte sich wieder in Bewegung. Bis nach Warnemünde, der Grenze, waren es nur dreizehn Kilometer. Annemarie war nervös. Sie machte das Fenster auf. Schon roch sie die Ostsee. Es war eine klare Nacht, und sie konnte die Kühe auf den Wiesen erkennen. Der Zug fuhr langsamer, er hielt. Annemarie zog ihren englischen Tweedmantel an. Dann nahm sie einen Spiegel aus der Tasche und setzte den dunkelbraunen Hut auf. Ganz leise sagte sie: „Barbara Thoma aus Hamburg. Alles Gute, Barbara!"

Der Zug hielt, und Annemarie stieg aus. Sie ging am Zug

entlang zum Ausgang. Vor ihr ging eine junge Mutter mit zwei kleinen Kindern. Sie hatte das Baby auf dem Arm und in der anderen Hand eine Reisetasche. Der andere Junge, er war ungefähr drei Jahre alt, schrie und wollte nicht laufen. Annemarie blieb stehen: ,,Kann ich Ihnen behilflich sein?" fragte sie. Dann hob sie den Kleinen hoch und setzte ihn auf ihre Schultern. ,,Jetzt bist du der Reiter, und ich bin das Pferdchen, und wir galoppieren los." Der Kleine lachte, und seine Mutter sah Annemarie dankbar an.

Gemeinsam gingen sie aus dem Bahnhof und auf eine Baracke zu. In dem hellen Raum standen die Grenzpolizisten. Die junge Frau hatte einen dänischen Paß. Sie wohnte in Kopenhagen. Der Polizist war sehr höflich zu der Ausländerin.

Dann gab Annemarie dem Polizisten ihren Paß, den Paß mit dem fremden Bild und dem fremden Namen. Der Polizist blätterte im Paß. Er las: Barbara Thoma, Beruf: Kindergärtnerin. Der Polizist sah, wie der kleine Olaf seine Ärmchen um Annemaries Hals geschlungen hatte.

,,Wohin wollen Sie fahren?" fragte er.

,,Mit uns nach Kopenhagen", schrie Olaf vergnügt.

Annemarie nickte.

,,Gut, Sie können weitergehen."

Beim Zoll mußte Annemarie ihren Koffer aufmachen, und der Beamte schaute sich die Sachen genau an. Olaf fand das ein bißchen langweilig. ,,Wo ist das Schiff?" schrie er ungeduldig. ,,Ich will zum Schiff", und er packte Annemaries Hand und zerrte sie fort.

,,Ja, Sie können gehen", sagte der Beamte, ,,Gute Reise!"

Als das Schiff losfuhr, stand Annemarie auf Deck. Sie schaute zur Küste und sah, wie das Land langsam in der Ferne verschwand. Es war das Land, in dem ihre Mutter lebte, wo sie geboren und aufgewachsen war. Würde sie es jemals wieder sehen? Sie war jetzt frei. War sie glücklich?

Zwei Stunden und fünfzehn Minuten brauchte die Fähre von Warnemünde nach Gedser, der dänischen Hafenstadt. Annemarie war jetzt in Dänemark. Sie hatte es geschafft. Sie brachte zunächst die dänische Familie zum Zug nach Kopenhagen. Der kleine Olaf wollte sie nicht loslassen. ,,Du mußt mit uns kommen", sagte er. Dann kaufte sich Annemarie eine Fahrkarte nach Travemünde und ging an Bord des dänischen Schiffes, das sie in die Bundesrepublik bringen würde.

Ankunft

Am frühen Nachmittag legte das Schiff in Travemünde an. Am Hafen standen viele Leute. Wo war Bernd? Sie konnte ihn nicht sehen. Er wußte doch, daß sie heute kommen würde. Da hörte sie ihren Namen.

„Annemarie! Meine Annemarie!" und Bernd nahm sie in die Arme. „Ich bin ja so froh, so unendlich froh", sagte er.

Sie fuhren mit Bernds Auto nach Hamburg. Das Land war auch hier flach, und auf den Wiesen sah Annemarie die gleichen Kühe wie in Warnemünde. Nur mehr Autos gab es hier auf den Straßen.

Als sie nach Hamburg kamen, sagte Bernd: „Wir müssen zuerst zu Rudi. Er wartet auf uns." Bernd hielt an einem modernen Hochhaus. Sie fuhren mit dem Lift zum 15. Stock

Flats in Hamburg

und klingelten. Ein junger Mann mit blondem Haar und rötlichem Bart machte auf. Er begrüßte Annemarie freundlich: „Wir haben es gewußt, daß Sie es schaffen würden. Sie haben Mut."

Rudi führte dann die beiden in sein Arbeitszimmer und bot ihnen eine Tasse Kaffee an. Dann setzte er sich an seine Schreibmaschine und tippte Annemaries Antworten mit zwei Fingern auf einen Bogen gelbes Papier. Rudi stellte viele Fragen: Wie sahen die anderen Fahrgäste im Zug aus? Was hat der Zollbeamte gefragt? Was wollte der Grenzpolizist wissen? Hat er geglaubt, Sie wären Kindermädchen bei der dänischen Familie? — Interessant!

Dann mußte Annemarie noch eine Erklärung unterschreiben: „Ich bin aus eigenem Willen gekommen."

„Alles Gute für Ihr Leben in Hamburg!" sagte Rudi, als er die beiden zum Lift brachte.

„Jetzt fahren wir endlich zu unserer Wohnung", sagte Bernd. Bevor er die Tür aufmachte, warnte er: „Vorsicht! Ich habe eine Überraschung für dich." Ein kleiner brauner Dackel kam aus der Wohnung gelaufen. Er sprang an Annemarie hoch und leckte ihr die Hand.

„Er will spazierengehen", sagte Annemarie zu Bernd. „Kommst du mit?"

Exercises

Bernd in Hamburg

A *Questions*
1. Where did Bernd meet Annemarie?
2. How did they spend their time together in West Berlin?
3. What kind of plans did they have for September and what political event affected their lives?
4. How did Bernd get in touch with the organisation? When and where did he meet the mediator and where was Bernd taken?
5. What kind of information did Rudi ask for? What did they have to find for Annemarie and how could Bernd help?

B *Fragen*
1. Was machten Annemarie und Bernd, wenn sie in Ostberlin waren?

64

2. Wo arbeitet Bernd jetzt?
3. Wen traf Bernd in der *Alten Mühle*?
4. Wo wohnt Rudi?
5. Wie sieht Annemarie aus?

C *Written dialogue*

Dieter is looking for a flat. He is a student at the university in Kiel. His girl friend studies French and English. They met when they were sailing. In their leisure time they like to go swimming or sailing and in the winter they go to the theatre or cinema. Dieter will be finishing university in March and he hopes to get a job with a newspaper. He and his girlfriend will be married in two weeks.

Take the part of Dieter and answer Mr. Bosch's questions.

1. Herr Bosch: Was sind Sie von Beruf?
   Dieter: . . .
2. Herr Bosch: An welcher Universität studieren Sie?
   Dieter: . . .
3. Herr Bosch: Was studiert Ihre Freundin?
   Dieter: . . .
4. Herr Bosch: Wo haben Sie Ihre Freundin kennengelernt?
   Dieter: . . .
5. Herr Bosch: Was machen Sie in Ihrer Freizeit?
   Dieter: . . .
6. Herr Bosch: Was machen Sie im Winter?
   Dieter: . . .
7. Herr Bosch: Wann werden Sie Ihr Studium beenden?
   Dieter: . . .
8. Herr Bosch: Wo hoffen Sie, eine Stelle zu bekommen?
   Dieter: . . .
9. Herr Bosch: Wann werden Sie heiraten?
   Dieter: . . .

Useful words:

kennen/lernen	to get to know
beenden	to finish
beim Segeln	when sailing
die Stelle (-n)	job
bei einer Zeitung	with a newspaper

Annemarie in Ostberlin

A Questions

1. Which drugs were in short supply at the hospital?
2. What had Bernd written in his first letter and why was Annemarie frightened by it?
3. What was in the box which Gudrun gave Annemarie?
4. What kind of work did Annemarie do for the organisation; why was she particularly suited for it and what experience did she have one day?
5. Why did Annemarie hesitate to confide in her mother?
6. How did Annemarie and her mother spend the weekend together?

B Fragen

1. Warum sah die Oberschwester Annemarie streng an?
2. Wo las Annemarie Bernds Brief?
3. Was brachte Gudrun mit, als sie Annemarie wieder im Krankenhaus besuchte?
4. Warum besuchte Annemarie die Arbeiterfamilie in Ostdeutschland?
5. Wem erzählte Annemarie von ihrem Fluchtplan?
6. Wie lange blieb Annemarie bei ihrer Mutter?

C Written dialogue

Erika spent the weekend with Gerd, her boy friend who lives in Stuttgart. She took the train and brought Gerd's mother a box of chocolates. On Saturday morning they went into town to get tickets for the theatre. Then Gerd's father invited them for lunch. On Sunday they went for a walk in the forest. She came back on Sunday night. Gerd and his father had taken her to the station.

Take the part of Erika and answer Helga's questions.

1. Helga: Guten Tag Erika. Was hast du am Wochenende gemacht?
   Erika: . . .
2. Helga: Wo wohnt Gerd?
   Erika: . . .
3. Helga: Wie bist du nach Stuttgart gefahren?
   Erika: . . .
4. Helga: Was hast du Gerds Mutter mitgebracht?
   Erika: . . .

5. Helga: Warum seid ihr am Samstag vormittag in die Stadt gefahren?
   Erika: ...
6. Helga: Wer hat euch zum Mittagessen eingeladen?
   Erika: ...
7. Helga: Was habt ihr am Sonntag gemacht?
   Erika: ...
8. Helga: Wann bist du nach Hause zurückgekommen?
   Erika: ...
9. Helga: Wer hat dich zum Bahnhof gebracht?
   Erika: ...

Useful words:

besorgen	to get
jdn zum Mittagessen einladen	to ask s.o. for lunch
jdn zum Bahnhof bringen	to take s.o. to the station

Es geht los

A Questions

1. What special precautions did Annemarie take about the clothes she is going to wear?
2. a) Where does Annemarie find Gudrun?
   b) How did Gudrun prepare for Annemarie's trip?
3. What is in the purse which Annemarie is given and why does she have to know Brecht's *Threepenny Opera*?
4. Why is Annemarie's ticket to Copenhagen when she only wants to go as far as Gedser?
5. Where had Barbara been on her holidays and why did Annemarie have to memorise that?
6. How does the lady in the white apron change Annemarie's appearance?
7. What features about her dress and behaviour are designed to make people think that Annemarie is a West German tourist?

B Fragen

1. Was zog Annemarie am Mittwoch Nachmittag an?
2. Wem gehörte der Paß, den Annemarie bekommt?
3. Was hatte ihr Bernd für die Reise geschenkt?
4. In welchem Land liegt Gedser?

5. Was hatte Barbara in ihren Ferien in Österreich gemacht?
6. Was für einen Mantel trug Annemarie, als sie zum Bahnhof ging?
7. Wie sind Gudrun und Annemarie zum Bahnhof gefahren?

C Written dialogue

Martin, who comes from England, wants to spend three days in Berlin to see the sights and then go to Austria. He is carrying a black suit-case which contains his sponge bag, two shirts, a pullover and a pair of trousers. He has English and German money with him. Last year he also visited Berlin. The photograph in his passport is four years old, and his hair is now shorter.

Take the part of Martin and answer the questions of the customs officer.

1. Zollbeamter: Woher kommen Sie?
   Martin: . . .
2. Zollbeamter: Wie lange wollen Sie in Berlin bleiben?
   Martin: . . .
3. Zollbeamter: Wohin wollen Sie dann fahren?
   Martin: . . .
4. Zollbeamter: Was wollen Sie sich in Berlin ansehen?
   Martin: . . .
5. Zollbeamter: Welcher Koffer gehört Ihnen?
   Martin: . . .
6. Zollbeamter: Was ist in Ihrem Koffer?
   Martin: . . .
7. Zollbeamter: Was für Geld haben Sie bei sich?
   Martin: . . .
8. Zollbeamter: Waren Sie schon einmal in Berlin?
   Martin: . . .
9. Zollbeamter: Sie sehen aber anders aus als das Foto in Ihrem Paß?
   Martin: . . .

Useful words:

sich die Sehenswürdigkeiten ansehen	to go sight-seeing
gehören (dat)	to belong to
die Tasche mit Waschzeug	sponge bag
im vergangenen Jahr	last year

Die Reise

A Questions

1. Describe the people in Annemarie's train compartment.
2. a) What did the elderly gentleman suggest she should see in Copenhagen?
   b) When had he been in Copenhagen and why had he not been back?
3. What impression did Annemarie form about the elderly gentleman?
4. a) Describe the young mother's difficulties.
   b) What did Annemarie do to help her?
5. How did the border police treat the Danish family and how did Annemarie benefit from this?
6. Describe Annemarie's feelings when the ship left the harbour.
7. What did Annemarie do when she arrived in Gedser?

B Fragen

1. Wen sah Annemarie im anderen Abteil?
2. Was für ein Buch las Annemarie?
3. Wo stiegen die meisten Leute aus?
4. Warum konnte die Mutter den kleinen Olaf nicht tragen?
5. Wohin wollte die Mutter mit den beiden Kindern fahren?
6. Was wollte der Zollbeamte sehen?
7. Wie fuhr Annemarie von Gedser in die Bundesrepublik?

C Written dialogue

Achim has just come back from London. His friend Bettina wants to know all about his journey: who took him to the station in London, if the train was full, how many people there were in his compartment, if he read a book or looked out of the window, if he spoke to other people. She also asks if he had to open his suitcase at the customs, how long the ferry took from Dover to Ostend, how he travelled from Ostend and where the young lady he spoke to got off.

Take the part of Bettina and ask the questions.

1. Bettina: ...
   Achim: Peter und sein Vater haben mich in London zum Bahnhof gebracht.
2. Bettina: ...

Achim:	Ja, der Zug war ziemlich voll.
3. Bettina:	...
Achim:	Außer mir waren noch fünf Leute in meinem Abteil.
4. Bettina:	...
Achim:	Ich habe aus dem Fenster geschaut.
5. Bettina:	...
Achim:	Ich habe mit der jungen Dame neben mir gesprochen.
6. Bettina:	...
Achim:	Nein, ich brauchte beim Zoll meinen Koffer nicht aufzumachen.
7. Bettina:	...
Achim:	Die Fähre von Dover nach Ostende brauchte ungefähr dreieinhalb Stunden.
8. Bettina:	...
Achim:	Von Ostende bin ich mit dem Zug nach Köln gefahren.
9. Bettina:	...
Achim:	Die junge Dame ist auch in Köln ausgestiegen. Sie wohnt hier ganz in der Nähe.

Useful words:

sprechen mit	to speak to
wie lange braucht die Fähre?	how long does the ferry take?

Ankunft

A Questions
1. What did Annemarie notice about the countryside in West Germany?
2. Where did Bernd and Annemarie go first after their arrival in Hamburg?
3. Why was Rudi so keen to interview Annemarie?
4. How did he record her answers?
5. What did she have to sign?

B Fragen
1. Wann kam Annemarie in Travemünde an?
2. Im wievielten Stock des Hochhauses wohnte Rudi?
3. Was tranken sie bei ihm?
4. Konnte Rudi gut Schreibmaschine schreiben?
5. Was für eine Überraschung hatte Bernd für Annemarie?

C Written dialogue

Stefan arrived early in the afternoon at the harbour, but Günther was waiting at the station! Stefan took the bus to Günther's address, a big tower block in the town centre, and took the lift up to the fifth floor. Günther's sister opened the door. His mother offered him coffee and chocolate cake. Günther arrived half an hour later, and was glad to see him.

Helga wants to hear about Stefan's experience. Take the part of Stefan and answer Helga's questions.

1. Helga: Wann hat das Schiff in Hamburg angelegt?
   Stefan: . . .
2. Helga: Warum war Günther nicht am Hafen?
   Stefan: . . .
3. Helga: Wie sind Sie zu Günther nach Hause gefahren?
   Stefan: . . .
4. Helga: Wo wohnt Günther?
   Stefan: . . .
5. Helga: Sind Sie die Treppe zum fünften Stock hoch-gestiegen?
   Stefan: . . .
6. Helga: Wer hat Ihnen die Tür aufgemacht?
   Stefan: . . .
7. Helga: Was hat Günthers Mutter Ihnen zu essen und zu trinken angeboten?
   Stefan: . . .
8. Helga: Wann ist Günther nach Hause gekommen?
   Stefan: . . .
9. Helga: War Günther froh, daß Sie da waren?
   Stefan: . . .

Useful words:
am frühen Nachmittag — in the early afternoon
das Hochhaus (-er) — tower block

Vocabulary

Flucht aus Ostpreußen

P. 12 Aufbruch
der Aufbruch departure
der Bürgermeister (-) mayor
versuchen to try
die Stimme (-n) voice
keine Ahnung! no idea!
das ist mir egal I don't care
die Luft air
machen Sie, daß Sie wegkommen!
  get the hell out of here!
das Sägewerk (-e) sawmill
Ostpreußen East Prussia
leiten to manage
die Wahl choice

der Krieg (-e) war
vor/bereiten to prepare
der Planwagen (-) covered wagon
bereit stehen (stand, gestanden)
  to be ready
der Stall (¨e) stable
die Wertsachen pl. valuables
(im Krieg) fallen (fiel, ist gefallen)
  to be killed in action
Soldat werden to join up
sich beeilen to hurry
schweigend silent

P. 13 Die Leute wollen zurück
versammeln to assemble
die Kiste (-n) box, chest
obendrauf on the top
ein/hüllen to wrap up
sich bewegen to move
das Glatteis ice
rutschen to skid
sich quer/stellen to end up sideways (across the road)
verstopfen to block
der Stillstand standstill
weiter/kommen (kam weiter, ist
  weitergekommen) to advance
was ist los? what is the matter?
herrschen to be, prevail
der Flüchtling (-e) refugee
sich vor/kämpfen to fight one's
  way through
vor/dringen (drang vor, ist vorgedrungen) to advance
auf/halten (hält auf, hielt auf,

aufgehalten) to stop
der Evakuierungsplan (¨e) evacu-
  ation plan
die Zivilbevölkerung civilians
übernachten to spend the night
versorgen to supply
verkohlt charred
die Partei (-en) party
die Akten pl. records, papers
die Bevölkerung population
sich kümmern um to care about
schimpfen to grumble
zufällig by chance
durchgefroren frozen
verzweifelt desperate
gefährlich dangerous
in Zukunft in future
fällen to fell, cut down
das Volk (¨er) people
leiden (litt, gelitten) to suffer
sich rächen to revenge oneself

ein/fallen (fällt ein, fiel ein, ist
   eingefallen) to invade
recht haben to be right
schlimm bad
die Heimat homeland
versprechen (versprach, versprochen)
   to promise

zögern to hesitate
blicken to look
bestimmt determined
der Abschied farewell
überleben to survive
der Vorwurf (-̈e) reproach
überreden to persuade

P. 15 Die Russen sind im nächsten Dorf`

nur langsam vorwärts gehen to
   make little headway
zusammen/brechen (bricht zusammen, brach zusammen, ist
   zusammengebrochen) to collapse
vor/schlagen (schlug vor, vorge-
   schlagen) to suggest
die Stelle (-n) place

überholen to overtake
der Gutshof (-̈e) estate, farm
das Quartier (-e) quarters
der Gutsherr (-en) landowner
flüchten to flee
die Scheune (-n) barn
das Stroh straw
marschbereit ready to move off

P. 17 Fridolin sucht seine Mutter

fremd strange
ziehen (zog, ist gezogen) to move,
   walk
plündern to plunder
der Diebstahl stealing, theft
das Königreich (-e) kingdom
wert sein to be worth
der Pelzhandschuh (-e) fur mitten
auf/passen to take care
stricken to knit
sich die Hände erfrieren to have
   one's hands frozen
die Weichsel Vistula (river flowing
   into the Baltic)
überschreiten (überschritt, über-

   schritten) to cross
in Gedanken versunken deep in
   thought
die Gestalt (-en) figure
der Eisklumpen (-) lump of ice
auf/knöpfen to unbutton
schluchzen to sob
langweilig boring
verhungern to die of hunger
sich schmiegen an to snuggle up to
zutraulich trusting
das Rote Kreuz Red Cross
die Feldküche field-kitchen
weiter/ziehen (zog weiter, ist
   weitergezogen) to move on

P. 19 Auf dem Gut Poserow

der polnische Korridor Polish
   Corridor (a strip of land near the
   mouth of the Vistula, separating
   Germany from East Prussia:
   given to Poland in the Treaty of
   Versailles, 1919)
Pommern Pomerania (province of
   NE Germany, now in Poland)
das Futter fodder

die Ruhe rest
blaß pale
der Seufzer der Erleichterung sigh
   of relief
von weitem from afar
halten für to take for
der Gürtel (-) belt
die Pelzmütze (-n) fur hat
ab/geben (gibt ab, gab ab, ab-

gegeben) to give away
die Pferdedecke (-n) horse blanket
der Faden (-) thread
nähen to sew
erschrecken (erschrickt, erschrak,
    ist erschrocken) to be alarmed
der Panzer (-) tank

kämpfen to fight
mit den Schultern zucken to shrug
    one's shoulders
bitten (bat, gebeten) to implore
wenigstens at least
verlobt engaged

P. 21 Bei der Gräfin Sybille
die Gräfin countess
entfernt distant
lebhaft lively
die Wange (-n) cheek
gerötet flushed
das Seidenkleid (-er) silk dress
die Zigarettenspitze (-n) cigarette-·
    holder
der Opernabend (-e) evening at
    the opera
amüsant amusing

im Bann sein to be spell-bound
aufregend exciting
der Apotheker (-) pharmacist
die Eiche (-n) oak tree
das Grab (-er) grave
aus/heben (hob aus, ausgehoben)
    to dig
nachher later
das Spitzentaschentuch (-er) lace
    handkerchief

P. 23 Ankunft
eine Strecke zurücklegen to cover
    a distance

bleiben (blieb, ist geblieben) to
    be left

Flucht nach Westberlin

P. 34 Im Geschäft
erschrecken (erschrickt, erschrak,
    ist erschrocken) to be alarmed
lügen (log, gelogen) to tell a lie
die Kommandantur headquarters
sich um/drehen to turn around
frei/lassen (läßt frei, ließ frei,
    freigelassen) to release
verhaften to arrest
in Gefangenschaft sein to be a
    prisoner
die Lungenentzündung pneumonia

den Lebensunterhalt verdienen to
    earn one's living
reden to speak
sich Sorgen machen to worry
erleichtert relieved
riskieren to risk
auf keinen Fall on no account
verstecken to hide
einverstanden sein to agree
wir sehen weiter we'll think again

P. 35 Im Krankenhaus
treten (tritt, trat, ist getreten) to
    step, walk
vorhin a while ago

klopfen to beat
der (Wach)Posten sentry
ohne weiteres readily

74

die Oberschwester (-n) matron
der Pförtner (-) porter
der Fortschritt (-e) progress
fragen nach to ask for
er muß fort he must leave
so schnell wie möglich as quickly
    as possible
verlangen to demand
beschützen to protect
aus/liefern to hand over
sicher safe
die Eisenbahn (-en) railway
besorgen to procure, get
das geht it can be done
um/klammern to clasp
beruhigen to reassure

die Kusine (-n) (female) cousin
neugierig curious
gesund sein to have recovered
sich freuen to be pleased
er wußte nicht so recht he was not
    quite sure
husten to cough
sich stützen auf to lean upon
besorgt worried
der Krankenpfleger (-) male nurse
der Rollstuhl (⁻e) wheel-chair
anstrengend exhausting
empfangen (empfängt, empfing,
    empfangen) to receive
hinzu/fügen to add

P. 38 Mit den Kindern am Strand
Ausschau halten nach to watch
    out for
das Gesicht (-er) face
vorwurfsvoll reproachful
feiern to celebrate
sich freuen auf to look forward to
der Schoß lap
etwas Wichtiges something im-
    portant
im Stillen inwardly
die Wahrheit truth
wenig Lust dazu haben not to feel
    like it
betteln to beg
eigentlich actually
planschen to paddle
spritzen to splash
das Ufer shore

der Transport (-e) convoy
der Kriegsgefangene (-n) prisoner
    of war
anders different
sich verändern to change
böse angry
behalten (behielt, behalten) to
    retain
mißfallen (mißfiel, mißfallen) to
    displease
in Hemdsärmeln in one's shirt-
    sleeves
erkennen (erkannte, erkannt) to
    recognize
zögern to hesitate
einfach simply
streicheln to stroke

P. 41 Abfahrt
notwendig essential
Wort halten to keep one's word
erleichtert relieved
die Sektorengrenze sector boun-
    dary (between East and West
    Berlin)
die U-Bahn underground railway

kontrollieren to check
bestellen to book
der Schnürsenkel (-) shoelace
der Lastwagen (-) lorry
auf die Bremse treten to jam on
    one's brakes
die Scheibe (-n) windscreen

zum Stehen kommen to come to a stop
einen Schrecken bekommen to get a fright
ungeduldig impatient
die einen ... die anderen some ... others

die Kohle (-n) coal
stampfen to pound
besetzt occupied
das Fieber temperature
flehen to pray
retten to save

Nach dem Bau der Mauer

P. 52 Bernd in Hamburg

rüber (colloq. for 'hinüber') across, over
schießen (schoß, geschossen) to shoot
leicht easily
der Teil (-e) part
die Stelle (-n) job
heiraten to get married
die Deutsche Demokratische Republik German Democratic Republic (official name of East Germany)
wählen to dial

die Zeitschrift (-en) magazine
schauen to look
miteinander together
das Hochhaus (¨er) multi-storey building
der Stock (pl. Stockwerke) floor
der Bogen Papier sheet of paper
passen to be convenient
regelmäßig regular
der Paß (¨sse) passport
ähnlich sein to resemble
gleich groß of the same size
ausgezeichnet excellent

P. 54 Annemarie in Ostberlin

der Nachtdienst night duty
die Schürze (-n) apron
was fehlt? what is missing?
verdutzt bewildered
streng stern, severe
auf/reißen (riß auf, aufgerissen) to rip open
der Umschlag (¨e) envelope
aufgeregt excited
der Grenzpolizist (-en) border policeman
das Maschinengewehr (-e) machine-gun
das Minenfeld (-er) minefield
der Stacheldraht barbed-wire
Pralinen pl. chocolates
die Lage (-n) layer
die Büchse (-n) tin

vertrauen to trust
versichern to affirm
zusammen/treffen (trifft zusammen, traf zusammen, ist zusammengetroffen) to meet
sich in Gefahr begeben to expose oneself to danger
die Verhaftung (-en) arrest
die Anklage criminal action
der Menschenhandel (here) transporting of people from East Germany to the West
das Gefängnis (-se) prison
DDR Deutsche Demokratische Republik (East Germany)
der Grund (¨e) reason
die Meinung (-en) opinion
unbedingt absolutely

76

ab/raten (rät ab, riet ab, abgeraten)
to advise against
die Gefahr (-en) danger
nach drüben to the other side
der Selbstmord suicide

entschlossen determined
der Dackel (-) dachshund
vergnügt happy
alles Gute! good luck!
umarmen to embrace

P. 57 Es geht los
los/gehen (ging los, ist losgegangen)
to start, begin
die Qualität (-en) quality
das Etikett (-e) label
ab/trennen to unstitch
die Schneiderin (-nen) dressmaker
der Schnitt (-e) pattern
nähen to sew
die Schwesterntracht nurse's
uniform
auf/räumen to tidy up
der Pförtner (-) porter
sich um/schauen to look around
der Flur (-e) passage
oberst top
versehen mit to supply with
verschieden various
der Republikflüchtling (-e) fugi-
tive from East Germany
der Busfahrschein (-e) bus ticket

die Dreigroschenoper The Threepenny Opera
das Stück (-e) play
der Stempel (-) stamp
beruhigend reassuring
sich irren to make a mistake
die Kindergärtnerin (-nen) infant
teacher
es macht ihr Spaß she enjoys it
tauschen to swop
die Sehenswürdigkeit (-en) sight,
place of interest
der Fahrgast (-̈e) passenger
betrachten to look at
die Ansichtskarte (-n) picture post-
card
Tivoli pleasure gardens in Copenhagen
sich in Bewegung setzen to start
to move

P. 60 Die Reise
das Abteil (-e) compartment
ehemalig former
der Ingenieur (-e) engineer
das Taschenbuch (-̈er) paperback
der Umschlag (-̈e) cover
die Sammlung (-en) anthology
das Gespräch (-e) conversation
vorbereitet prepared
verheiratet sein to be married
die Brauerei (-en) brewery
das Verhör (-e) interrogation
die Meerjungfrau (-en) mermaid
aus/fragen to interrogate
gutmütig good-natured
das Fabrikat make
vergehen (verging, ist vergangen)

to pass
riechen (roch, gerochen) nach
to smell of
jdm behilflich sein to help s.o.
hoch/heben (hob hoch, hochge-
hoben) to lift up
gemeinsam together
die Baracke (-n) hut
höflich polite
Ausländer (-in f.) foreigner
blättern to turn over the pages
die Arme schlingen um to fling
one's arms round
vergnügt happy
der Zoll customs
packen to seize

77

zerren to tug, pull
die Küste (-n) coast
auf/wachsen (wuchs auf, ist aufgewachsen) to grow up

P. 63 Aukunft
an/legen to land
unendlich infinitely
der Mut courage
aus/sehen (sah aus, ausgesehen)
to look like
der Zollbeamte (-n) customs officer
die Erklärung (-en) statement

es schaffen to succeed, make it
los/lassen (ließ los, losgelassen) to
let go

unterschreiben (unterschrieb,
unterschrieben) to sign
aus eigenem Willen of one's own
free will
Vorsicht! look out!
die Überraschung (-en) surprise